Lothar Gassmann

Was kommen wird

Eschatologie im 3. Jahrtausend

Wiederkunft Christi, Antichrist und
Zeichen der Zeit

Verlag für Reformatorische Erneuerung
Wuppertal

Dr. Lothar Gassmann:

Was kommen wird.

Eschatologie im 3. Jahrtausend.

Wiederkunft Christi, Antichrist und Zeichen der Zeit...

Verlag für Reformatorische Erneuerung,
Kaiserstr. 78, D-42329 Wuppertal
Herstellung: St.-Johannis-Druckerei, Lahr-Dinglingen
Satz: L. Gassmann
Erste Auflage 2002
ISBN-Nr. 3-87857-313-8

Inhalt

1. Einleitung

Kommt das goldene Zeitalter oder der Untergang? Entwickelt sich die Menschheit immer höher zur Stufe des Weltfriedens, der globalen Gerechtigkeit und des Paradieses auf Erden? Oder wird diese Welt in Zerstörung, Chaos und dem Inferno des entfesselten Atoms enden?

Wie verhält es sich mit dem Leben nach dem Tod und der Wiederkunft Jesu Christi? Ist mit dem Tode alles aus – oder beginnt dann erst das wirkliche Leben? Wird Jesus Christus wirklich wiederkommen, um die Gläubigen zu sich zu holen – oder soll eine Menschheit, die des Wartens auf seine Wiederkunft müde ist, seine Stelle einnehmen? Und falls Jesus wiederkommt – wann wird das geschehen? Müssen die Gläubigen durch eine „große Trübsalszeit" hindurch – oder werden sie vorher „entrückt"? Was geschieht mit denen, die nicht entrückt werden?

Gibt es ein tausendjähriges messianisches Friedensreich auf Erden – oder sind die diesbezüglichen biblischen Berichte als Bilder zu deuten? Wer ist der Antichrist? Welche Rolle nimmt Israel im Weltendrama der „letzten Zeit" ein? Wie verhalten sich Israel und die weltweite Gemeinde der Christen zueinander?

Gibt es einen doppelten Ausgang im Weltgericht, eine Scheidung zwischen Geretteten und Verlorenen? Was ist unter Himmel und Hölle zu verstehen? Existiert die Hölle wirklich? Wie wird das „himmlische Jerusalem" beschaffen sein, das den Gläubigen verheißen ist?

Mit diesen und ähnlichen Fragen beschäftigt sich die Eschatologie, die Lehre von den letzten Dingen.

Die Eschatologie ist unvermindert aktuell. Und sie wird immer aktueller, je mehr wir merken, daß gewisse Entwicklungen in dieser Welt auf ein Ziel zulaufen.

Dabei herrscht ein durchaus zwiespältiges Bild: Auf der einen Seite erlebt die Menschheit äußere Erfolge, z.B. in den Bemühungen um Weltfrieden, Umweltschutz und soziale Gerechtigkeit. Das Reich der globalen Harmonie wird weithin propagiert und scheint zuweilen in greifbare Nähe gerückt. Auf der anderen Seite gibt es brutale Rückschläge auf dem Weg zur vereinten und scheinbar allen Sorgen enthobenen Menschheit: neue Kriegsherde, Terror, Massenarbeitslosigkeit, Inflation, Hungersnöte, Flüchtlingselend, Umweltkatastrophen, Erdbeben, neue Seuchen (Aids).

Die Stimmen – nicht nur von Sekten – mehren sich, die sagen „Wir leben in der Endzeit". Katastrophenfilme wie „Erdbeben" oder „Apocalypse now" sind Renner. Romane wie George Orwells „1984", der die Schrecken einer total kontrollierten Gesellschaft aufzeigt, gelten bald gar nicht mehr als Science Fiction, sondern beschreiben eine technisch bereits mögliche Realität.

In dieser Lage übertreffen auch christliche Autoren einander mit Endzeitbüchern, Visionen und Schreckensgemälden einer entfesselten Dämonie. Sie stehen im Gegensatz zu solchen Politikern, Futurologen und Theologen, die darauf vertrauen, daß es die vereinigte Menschheit schon noch aus eigener Kraft schaffen werde, sich aus dem Sumpf zu ziehen und das paradiesische Weltfriedensreich zu errichten. Unnüchternheit auf beiden Seiten macht sich breit.

Um so dringlicher ist eine Rückbesinnung auf die biblischen Aussagen. Was steht wirklich da? Welche Deutung wird den Aussagen am besten gerecht? Welche Konsequenzen kann der einzelne daraus ziehen? Darum soll es im folgenden gehen.

Dieses Buch besitzt weithin wissenschaftlichen Charakter und ist aus Vorlesungen entstanden. Zugleich aber habe ich mich um größtmögliche Verständlichkeit bemüht. Mögen die Leser daraus nicht nur Informationen empfangen, sondern gesegnet werden und sich vorbereiten auf die Wiederkunft des HERRN – das ist mein tiefster Wunsch und mein Gebet.

2. Was ist Eschatologie?

2.1. Der Begriff „Eschatologie“

„Eschatologie“ heißt „Lehre vom Letzten“, „Lehre vom Ende“ (griech. to eschaton) oder *„Lehre von den letzten Dingen“* (griech. ta eschata). Das griechische Adjektiv „eschatos“ ist die aus der Präposition „ek“ bzw. „ex“ („aus“, „von – weg“) abgeleitete Superlativform und bedeutet grundsätzlich: „am weitesten weg“, „am weitesten draußen“. Dies kann räumlich, zeitlich und im übertragenen Sinn aufgefaßt werden. Räumlich bezieht es sich auf den äußersten Ort (z.B. „die Enden der Erde“), zeitlich auf die letzte Zeit (z.B. „das Ende der Tage“), im übertragenen (qualitativ-axiologischen) Sinn auf einen Endpunkt in einer Reihe von Sachverhalten, einen – auf negative oder positive Weise – besonders hervorgehobenen Menschen („Erste und Letzte“) u.ä. In der Septuaginta und im Neuen Testament kommen alle drei Bedeutungen vor, wobei die zeitliche überwiegt.

Die Definition dessen, was Eschatologie ist, ist keineswegs eindeutig. Sie hängt vom theologischen oder philosophischen Standpunkt des Definierenden ab. Wir werden unterschiedlichen Standpunkten in den nächsten Kapiteln begegnen. Hier gehe ich zunächst von der Definition im traditionellen Sinne aus.

Im *traditionellen christlichen Sinne* bezieht sich Eschatologie vor allem auf die zeitliche Dimension. Sie bedeutet – wie schon gesagt – „Lehre von den letzten Dingen“ im zeitlichen Sinn und somit: „Lehre von der Endzeit“. In der Terminologie der altprotestantischen Orthodoxie handelt es sich um den Locus „De novissimis“ mit den Teilen mors (Tod), mortuorum resurrectio (Auferstehung der Toten), extremum iudicium (Endgericht), consummatio mundi (Vollendung oder Ende der Welt), infernum sive mors aeterna (Hölle bzw. ewiger Tod) und coelum sive vita aeterna (Himmel bzw. ewiges Leben).

Neben der spezifisch christlichen Eschatologie, die eine Vielzahl von Variationen erfahren hat und erfährt, gibt es den Versuch insbesondere der *Religionsgeschichtlichen Schule*, den Begriff „Eschatologie“ allgemein auf die Jenseits-Vorstellungen außerchristlicher Religionen und Kulte anzuwenden: auf alles, was nach deren Vorstellung nach dem Tod geschieht, also auch Unsterblichkeit der Seele, Seelenwanderung, Reinkarnation u.ä. Dabei fällt auf, daß z.B. die letztgenannten Lehren gar nicht eschatologisch (endgeschichtlich) im strengen Sinne, sind, sondern einem eher zeitlos-zyklischen (kreisförmigen) Denken entsprechen. Hier wäre es m.E. treffender, nicht von „Eschatologie" zu sprechen, sondern von postmortaler Anthropologie (die Frage, was mit dem Menschen nach dem Tod geschieht).

Zwar wird auch im christlichen Bereich unterschieden zwischen *individueller* (den einzelnen Menschen betreffender) und *kollektiver* (die Menschheitsgeschichte und den Kosmos betreffender) Eschatologie, doch bleiben beide untrennbar miteinander verbunden und laufen auf ein von Gott gesetztes Ziel zu. Dem *zyklischen* Denken etwa der fernöstlichen Religionen steht – bereits im Alten Testament – die linear-teleologische oder *finalistische* (zielgerichtete) Geschichtsschau gegenüber. Gott ist ein lebendiger Gott, der Israel und im Neuen Bund die Gemeinde Jesu Christi als sein Volk erwählt hat und es durch Höhen und Tiefen, Anfechtung und Treue hindurch seinem Ziel zuführt.

2.2. Der Platz der Eschatologie in der Systematischen Theologie

Aus dem zuletzt Gesagten wird bereits der enge Zusammenhang der Eschatologie insbesondere mit der *Ekklesiologie* (Lehre von der Gemeinde) und der *Heilsgeschichte* (s.u.) deutlich. Eschatologie handelt in erster Linie von der Vollendung der in der Ekklesia (Gemeinde) versammelten Gläubigen (daneben freilich auch vom Schicksal der Ungläubigen, wie immer dieses auch bestimmt wird). Und geht man von der Existenz einer von Gott gesetzten Heilsgeschichte aus, dann beschreibt die Eschatologie die letzte Stufe im Plan des Weltendramas.

Wesentliche Verbindungen ergeben sich freilich auch zur *Christologie* (Lehre von Christus) und *Soteriologie* (Lehre von der Erlösung), da die Vollendung der Gläubigen allein auf Jesus Christus und seinem Heilswerk beruht. Ohne Christus bliebe das Reich des Eschaton leer. Es gibt daher keine Eschatologie im biblischen Sinn ohne Christologie und Soteriologie.

Schließlich ist die Beziehung zur *Gottes- und Schöpfungslehre* (einschließlich Anthropologie, Lehre vom Menschen) zu nennen. Die Eschatologie umfaßt – je nach Standpunkt – Vollendung oder Abbruch dieser von Gott geschaffenen Welt. Sie ist insofern das Gegenstück zur Protologie (Lehre vom Anfang, von den ersten Dingen). So wie Gott am Anfang die Welt geschaffen hat, so hat er ihr auch einen End- oder Zielpunkt gesetzt. Und die Frage, was mit dem Menschen nach seinem Tod geschieht, ist das ureigentliche Thema der individuellen Eschatologie.

Im folgenden betrachten wir den Platz der Eschatologie im Rahmen der Heilsgeschichte genauer.

2.3. Eschatologie und Heilsgeschichte

2.3.1. Was ist Heilsgeschichte?

„Heilsgeschichte ist das nach Gottes Heilsplan durch sein Einwirken in Wort und Tat gestaltete, trotz Umwegen und ‚Sprüngen' in sich zusammenhängende und dabei in Kontinuität und Diskontinuität verlaufende Geschehen in der Geschichte, das uns als solches in der biblischen Offenbarung erschlossen ist und als sein Ziel die Verherrlichung Gottes hat" (Helge Stadelmann, Hermeneutische Erwägungen zur Heilsgeschichte, in: ders. Hg., Glaube und Geschichte, Gießen 1986, S. 37).

Ich fasse die wesentlichen Elemente dieser Definition zusammen.

Grundlegend ist, daß das heilsgeschichtliche Geschehen nicht planlos verläuft, sondern daß ein Plan dahintersteht, nämlich der *Plan Gottes*. Und dieser Plan zieht sich zur Verherrlichung Gottes durch die Geschichte hindurch.

Ferner handelt es sich um einen *Geschehenszusammenhang*, und zwar dergestalt, daß Gott durch seine Offenbarung von oben einbricht in die irdisch-sichtbare Realität, daß er Geschichte macht mit dem Menschen, mit seinem Volk, mit seiner Gemeinde. Offenbarungshandeln und Offenbarungsreden Gottes sind hier festzustellen. Es ist wichtig, daß es sich um wirklich geschichtliches Geschehen handelt, keine Übergeschichte, keine abgehobene Sphäre, sondern das Wirken Gottes in der Geschichte.

Und schließlich gibt es das Zusammensein von *Kontinuität und Diskontinuität*. Es findet sich eine Grundlinie von der Schöpfung bis zur Vollendung des Reiches Gottes. Aber dieser Plan Gottes entfaltet sich nicht etwa in menschlich zu konstruierendem oder vorauszusagendem Ablauf, sondern es gibt Sprünge, Brüche und Überraschungen in dieser Geschichte, weil Gott ein lebendiger und souveräner Herr ist, der nach seinem Plan handelt, nicht nach unseren Vorstellungen. Die Grundoffenbarungen stehen also fest in den biblischen Schriften, aber die Diskontinuität ist auch schon enthalten.

Ein grundlegendes Begriffspaar lautet *„Verheißung und Erfüllung"*. Gott verheißt Entwicklungen, die eintreten werden, und diese finden ihre Erfüllung zu ihrer Zeit. Beispielsweise der Schritt vom alten zum neuen Bund ist solch ein wichtiges Weiterschreiten von Verheißung zu Erfüllung, aber auch heute erleben wir Erfüllungen, etwa im Blick auf Israel und die Endzeitereignisse.

Zu beachten ist auch das Zusammenwirken von *Universalgeschichte und Heilsgeschichte*. Es wurde schon viel diskutiert über das Verhältnis dieser zwei Größen. Die Frage ist überhaupt, ob es zwei Größen sind oder ob beides zusammenfällt. Universalgeschichte ist die Weltgeschichte, die – auch ohne auf geistliche Zusammenhänge zu blicken – sich entfaltet. Heilsgeschichte hingegen ist der Aspekt der Geschichte, der sich speziell auf Gottes Wirken mit seinem Volk und seiner Gemeinde bezieht. Die Frage ist, ob wir Weltgeschichte und Heilsgeschichte trennen können und wie das Verhältnis dieser beiden Größen zueinander ist. Hier gibt es unterschiedliche Ansätze.

Generell kann man zwei Sichtmöglichkeiten unterscheiden: „Heilsgeschichte *gleich* Weltgeschichte" – oder „Heilsgeschichte *in* der Weltgeschichte". Also die Frage: Ist Weltgeschichte abhängig oder unabhängig von Gottes Wirken, das in der Heilsgeschichte zum Ausdruck kommt?

Ein Lösungsversuch im Anschluß an eine Unterscheidung Martin Luthers („De servo arbitrio“) besagt: Der „deus absconditus“, der verborgene Gott, handelt in der Weltgeschichte. Und der „deus revelatus“, der offenbare Gott, handelt in der Heilsgeschichte. In der Weltgeschichte handelt Gott verborgen, und in der Heilsgeschichte offenbart er sich als der Weltenlenker.

Helge Stadelmann schreibt (in: Glaube und Geschichte, S. 54): „Gott handelt (von der *ordo rei* her gesehen) als der Schöpfer, Erhalter und Richter der Welt gewiß auch in der Universalgeschichte. Sie ist seiner Souveränität nicht entzogen, auch in all ihrem Abfall und Widerstand nicht. Doch sein Handeln ist uns hier (von der *ordo cognitionis* her betrachtet) kaum zugänglich. Für unser Erkenntnisvermögen handelt er in den Zusammenhängen der Weltgeschichte vor allem als der verborgene Gott, der Deus absconditus, wenngleich auch hier – gerade in seinem Gerichtshandeln – etwas von seiner Realität verspürt werden kann.“

Und weiter: „Unter ‚Heilsgeschichte‘ verstehe ich dagegen Gottes geschichtliches Offenbarungshandeln, soweit es uns in seinem Geschehensein und seinem Zusammenhang durch die biblische Offenbarung (und also nicht durch unseren spekulativen Zugriff!) erschlossen ist. Die Bibel muß uns zeigen, wo Gott als der offenbar Werdende, der *Deus revelatus*, gehandelt und gesprochen hat – und handeln wird. Diese ‚Heilsgeschichte‘ umfaßt manchmal nur einen ganz schmalen Ausschnitt innerhalb der Universalgeschichte – wir denken an die in den Evangelien und der Apostelgeschichte bezeugten Offenbarungsgeschehnisse – , anderenorts wird uns ein sehr breites Feld der Geschichte als ‚Heilsgeschichte‘ erkennbar – so in der biblischen Urgeschichte, bei manchen Fremdvölkersprüchen der Propheten oder besonders auch in der Geschichtsprophetie der biblischen Apokalyptik.“

Stadelmann spricht hier von der Heilsgeschichte *in* der Weltgeschichte. In der Heilsgeschichte offenbart sich Gott und ist als souveräner Herr am Wirken. Gott lenkt auch die Geschicke der

Völker, die Kriege und die Friedenszeiten, aber das gehört in den Bereich seiner „Zulassung" *(permissio).*

Der *Begriff* „Heilsgeschichte" findet sich in dieser Form zuerst bei Johann Christian Konrad von Hofmann, einem lutherischen Theologen in Erlangen im 19. Jahrhundert. Er hat dieses Wort hoffähig gemacht in der Theologie, allerdings verbunden mit mancherlei spekulativen Ansätzen. Hofmann war von G. W. F. Hegels Geschichtsphilosophie wenigstens ein Stück weit beeinflußt, hat aber auch sehr stark die biblischen Berichte als Beschreibungen geschichtlicher Abläufe ernstgenommen.

Der Begriff „Heilsgeschichte" findet sich in dieser Form nicht in der Heiligen Schrift selber. Dort begegnen wir dem Begriff *„oikonomia"*. Dieser Begriff hat zwei Bedeutungen: In Epheser 1,9 f. lesen wir: „Denn Gott hat uns wissen lassen das Geheimnis seines Willens nach seinem Ratschluß (oikonomia), den er zuvor in Christus gefaßt hatte, um ihn auszuführen, wenn die Zeit erfüllt wäre, daß alles zusammengefaßt würde in Christus, was im Himmel und auf Erden ist." Hier kommt der Begriff „oikonomia" vor. Vom „Ratschluß", vom „Heilsplan" Gottes ist die Rede. Gott hat einen Heilsplan, den er ausführen will. Dieser Plan wird in Epheser 1 und 2 entfaltet.

Die zweite Bedeutung von „oikonomia" findet sich in Epheser 3,2: „Ihr habt ja gehört, welches Amt (oikonomia) die Gnade Gottes mir für euch gegeben hat." Für „Amt" steht im Griechischen wieder „oikonomia". Das ist die Verantwortung, die Paulus bekommen hat, einen „Haushalt zu verwalten", und der Inhalt dieses „Haushaltes", dieses „Verwaltungsamtes", ist eben der Heilsplan Gottes, der in Epheser 1 genannt wurde.

In Epheser 3,9 ist von der Verwirklichung dieses Heilsamtes die Rede: „... wie Gott seinen geheimen Ratschluß ausführt, der von Ewigkeit her verborgen war in ihm, der alles geschaffen hat".

Auch im Kolosserbrief finden sich Stellen, die vom Geheimnis des Ratschlusses Gottes handeln, welches sich in der Geschichte entfaltet durch das Wirken der Apostel und der von ihnen gegründeten Ekklesia bis heute.

Heilsgeschichte hat es also mit einem *Heilsplan* zu tun. Sie schreitet fort in der Geschichte. Sie hat ein Endziel, verläuft also nicht zyklisch, sondern *teleologisch* oder *finalistisch*, auf ein Ende und Ziel ausgerichtet. Heilsgeschichte umfaßt daher den progressiven (fortschreitenden) offenbarten Plan Gottes zum Heil der Menschheit und die Ausführung dieses Plans in der menschlichen Geschichte mit dem Endziel, Gott zu verherrlichen.

Und dieser Heilsplan ist soteriologisch, theozentrisch und geschichtlich strukturiert: *soteriologisch* bezüglich des Heils des Menschen und der Menschheit, soweit sie sich retten und rufen läßt; *theozentrisch*, indem Gott verherrlicht wird als Endziel dieses Heilsplans (auch die Rettung der Menschen dient ja dazu, daß Menschen herausgerufen werden, die Gott die Ehre geben, die mit ihm leben und Gemeinschaft in Ewigkeit haben, die sich an ihm erfreuen können und er sich dann an ihnen); und *geschichtlich*, weil heilsgeschichtliche Ereignisse in der Geschichte geschehen sind. Es gibt keine Trennung zwischen Geschichte und Übergeschichte (s.u.).

In Genesis 12,1–3 finden sich drei andere Aspekte neben „soteriologisch, geschichtlich und theozentrisch", nämlich „persönlich, national und universal":

„Und der HERR sprach zu Abram: Geh aus deinem Vaterland und von deiner Verwandtschaft und aus deines Vaters Hause in ein Land, das ich dir zeigen will. Und ich will dich zum großen Volk machen und will dich segnen und dir einen großen Namen machen, und du sollst ein Segen sein. Ich will segnen, die dich segnen, und verfluchen, die dich verfluchen; und in dir sollen gesegnet werden alle Geschlechter auf Erden."

In Vers 1 geht es um Abram, um den *persönlichen* Aspekt: Abram soll aus seinem Haus gehen in ein Land, das Gott ihm zeigen will. Der Heilsplan Gottes beginnt mit Abram ganz individuell.

Dann heißt es: „Ich will dich zum großen Volk machen." Das ist das Volk Israel, das unmittelbar aus den Lenden Abrahams hervorgeht – der *nationale* Aspekt.

Und schließlich wird gesagt: „In dir sollen gesegnet werden alle Geschlechter auf Erden" – der *universale* Aspekt.

2.3.2. Hermeneutik der Heilsgeschichte

Ich lehne die Trennung zwischen (gedanklich-abstrakter) Wahrheit und (historisch-konkreter) Wirklichkeit ab. Ich denke, daß die Wahrheit sich *in* der Wirklichkeit entfaltet, nämlich historisch. Die Trennung von Wahrheit und Wirklichkeit ist ein philosophisches Theorem, verfehlt aber die geschichtliche Realität (s.u.). Mit dieser Grundentscheidung hängt eng die Vorgehensweise zusammen, daß ich die Heilige Schrift nach dem *Literalprinzip* auslege, nach dem Wortsinn, auch in der heilsgeschichtlichen Frage. Helge Stadelmann schreibt hierzu (a.a.O., S. 56):

„Das Literalprinzip wird von der ‚buchstäblichen' Grundbedeutung eines Wortes als der Normalbedeutung ausgehen; doch ist dies keinesfalls im Sinn einer prinzipiellen Buchstäblichkeit zu dogmatisieren. Ausschlaggebend ist jeweils der vom Autor intendierte und vom biblischen Gesamtkontext sich nahelegende Wortsinn." Also ist die Intention, die der Autor hatte, wichtig sowie der Gesamtzusammenhang der Heiligen Schrift.

„Von daher", so fährt Stadelmann (a.a.O.) fort, „fordert der Literalsinn, Prosa als Prosa, Geschichtsbericht als Geschichtsbericht, Allegorie als Allegorie, Bildwort als Bildwort, Poesie als Poesie usw. auszulegen." Das ist eine wichtige Grundregel. Es soll also z.B. nicht ein Geschichtsbericht als Hymnus oder als poetische Figur gedeutet werden oder umgekehrt eine poetische Beschreibung als Geschichtsbericht. Natürlich stoßen wir hier manchmal auf Grenzfragen, aber in der Regel ist die vom Kontext geforderte Deutung klar zu erkennen.

Stadelmann weiter (a.a.O.): „Dabei ist nicht von unserem subjektiven Sprachempfinden auszugehen, sondern von dem Sprachempfinden und Sprachgebrauch des hebräisch- und griechischsprechenden Menschen zu alt- und neutestamentlicher Zeit."

Stadelmann stellt treffend fest, daß die historisch-kritische Methode dem nicht gerecht wird, weil sie mit hypothetischen Vorformen des Textes rechnet und nicht vom Gesamtkontext und seiner Gültigkeit ausgeht. Soviel zum Literalprinzip.

Ferner ist damit zu rechnen, daß *Kontinuität und Diskontinuität* in der Heiligen Schrift enthalten sind, daß die in ihr dargestellte Geschichte in Epochen eingeteilt werden kann, wobei es natürlich sehr unterschiedliche Interpretationsmöglichkeiten gibt, gerade was die Epochenfrage angeht (vgl. die Unterschiede zwischen Bundestheologie und Dispensationalismus; siehe Teil 4).

Eine wichtige Frage ist auch, wie wir die *Unterscheidung zwischen Israel und der Gemeinde* verstehen, ob wir die Stellen, die sich auf Israel beziehen, einfach auf die Gemeinde deuten können oder ob doch auch für Israel Voraussagen da sind, die sich in der Zukunft noch erfüllen. Es ist also zu unterscheiden zwischen Israel und Gemeinde und auch zwischen Prophetie, die sich erfüllt hat, noch erfüllen wird oder gerade erfüllt. Das sind einige hermeneutische Grundfragen.

2.3.3. Geschichtsverlust?

Wir leben heute nicht in einer bibelgläubigen und gottesfürchtigen Gesellschaft, sondern haben seit dem Triumph der Aufklärungsphilosophie im 17. und 18. Jahrhundert einen enormen Geschichtsverlust erlebt.

Gotthold Ephraim Lessing sprach vom „garstigen Graben" zwischen Glauben und Geschichte. Und er hat nicht nur *einen* Graben, sondern *drei Gräben* behauptet: einen chronologischen, einen metaphysischen und einen existentiellen Graben.

Der *chronologische Graben* bezieht sich auf den Unterschied zwischen Vergangenheit und Gegenwart. Es ist ein Graben in der Zeit vorhanden. Lessing stellte sich die Frage: Wie können zeitgenössische Menschen etwas ernst nehmen im Sinne einer Verifikation, was in der Vergangenheit geschehen ist? Je weiter zeitlich entfernt etwas liegt, um so schwieriger ist etwas zu erkennen, manchmal aber auch, je näher etwas liegt, je nach dem, wie wir subjektiv damit behaftet sind. Denken Sie z.B. an das „Dritte Reich" und daran, welche unterschiedlichen Deutungen darüber im Umlauf sind.

Der *metaphysische Graben* bezieht sich auf den Unterschied zwischen zufälligen Geschichtswahrheiten und notwendigen Vernunftwahrheiten. So lautet das Kernbegriffspaar bei Lessing in seiner Schrift „Die Erziehung des Menschengeschlechts". „Zufällige Geschichtswahrheiten können der Beweis von notwendigen Vernunftwahrheiten nie werden", sagt er. Er geht also von der Vorordnung der Vernunft aus und setzt diese über die Geschichte, die er als zufällige Verkettung von Ereignissen versteht. Vernunftwahrheiten schätzt er viel höher ein als das, was in der Geschichte sich vielleicht irgendwann einmal entfaltet oder nicht entfaltet hat. Wir können es ja wegen des chronologischen Grabens gar nicht nachprüfen. Lessing reißt also den Graben auf zwischen Wirklichkeit (= Geschichte) und Wahrheit (= Vernunfterkenntnis).

Das dritte ist der *existentielle Graben*, der Graben bezüglich der Existenz des Menschen, bezüglich der Unterschiede, welche zwischen den Menschen des ersten Jahrhunderts und den modernen Menschen des 18., 19., 20. oder 21. Jahrhunderts bestehen. Daß hier eine Distanz herrscht, hängt also eng mit dem chronologischen Graben zusammen.

Ein *Geschichtsverlust* liegt deshalb vor – bedingt durch drei Gräben, die wir nicht überspringen können. Lessing gäbe alles dafür, wenn ihm einer über diese Gräben helfen könnte, aber noch keiner hat es nach seiner Aussage geschafft.

In der Linie Lessings argumentierte *Ernst Troeltsch*. Auch er hatte seine Fragen an historische Dokumente und hat ja maßgeblich nach Semler die historisch-kritische Methode ausgeprägt, wie sie im wesentlichen heute noch besteht. Troeltsch gehörte zur Schule des Historismus. Er war zunächst Theologe und später Geschichtsphilosoph, hat also die Fakultäten gewechselt, was mit seiner Biographie zusammenhängt. Troeltsch hat die drei Prinzipien Kritik, Analogie und Korrelation aufgestellt.

„Kritik" besagt, daß historische Aussagen nur Wahrscheinlichkeitsaussagen sind, daß etwas Absolutes in der Geschichte nicht wahrgenommen werden kann. Alles ist dem Maßstab der menschlichen Vernunft zu unterwerfen – Rationalismus verbunden mit Relativismus im Blick auf geschichtliche Aussagen, geschichtliche Fakten. Philosophische Wahrheit wird über historische Wirklichkeit gestellt, Vernunft über Geschichte, auch über biblisch überlieferte Geschichte, welche mittels der gefallenen menschlichen Vernunft analysiert, zerpflückt und neu zusammen-

gesetzt wird, je nach persönlicher subjektiver Ansicht und Erkenntnis.

Das Prinzip der *„Analogie"* postuliert die prinzipielle Gleichartigkeit des vergangenen, gegenwärtigen und zukünftigen Geschehens. Das, was „schon immer so war", werde auch „immer so sein". Es gibt keine Einbrüche in die Kontinuität der Geschehenszusammenhänge. Die Auferstehung und Wunder Christi sind analogielos und können daher nach diesem Prinzip nicht wirklich geschehen sein. Sie würden die Gleichartigkeit des Geschichtsverlaufs durchbrechen. In der Evolutionslehrc hängt dies mit dem Prinzip des „Uniformitarianismus" zusammen. Auch hier wird das Geschehen als immer gleichartig betrachtet. Es gibt kein Eingreifen einer höheren Macht.

Auch das dritte Prinzip, die *„Korrelation"*, sieht das Weltall als geschlossenes System von Ursache und Wirkung und läßt keine „Sprünge", keine Brüche zu. Übernatürliche Ereignisse sind auszuschließen, alles ist streng determiniert und nach dem Kausalitätsprinzip zu betrachten.

Was nicht geschehen kann, wird nach dieser Sicht aus unserer Nichtwahrnehmungsmöglichkeit geschlossen. Aber das ist ein Sprung über die Objektivität hinaus. Ist das, was wir nicht erkennen können, wirklich oder unwirklich? Ist es überhaupt vorhanden oder liegt seine Nichterkennbarkeit an unserem begrenzten Denken und Verstand? Diese Fragen stellen sich. Ich würde sagen, daß unsere Erkenntnis verfinstert ist (vgl. Röm 1,19) und daß daher viel mehr möglich ist als das, was wir wahrnehmen und denken können. „Die Geheimnisse Gottes zu erkennen, heißt ihn anzubeten" (Melanchthon).

Der dritte große Denker, der zum Geschichtsverlust beigetragen hat, zumindest zur Nichterkennbarkeit der Geschichte, wie sie wirklich ist, war lange vor Troeltsch der Königsberger Philosoph *Immanuel Kant.* Für Kant demonstriert die biblische Geschichte nicht, wer und wie Gott ist, sondern sie illustriert nur, was wir auf vernünftiger oder moralischer Grundlage schon von Gott denken und glauben. Das heißt, zuerst ist die Vernunft- und Moralreligion vorhanden, dann erst kommen die Folgerungen daraus, nämlich die

Postulate von Gott, Freiheit und Unsterblichkeit. Was in der Bibel als Geschichte beschrieben wird, gilt als Illustration des menschlichen Denkens.

Kant vollzog eine konsequente Säkularisierung der Erkenntnistheorie. Durch ihn kam die *Diastase* (Trennung) zur Betonung zwischen *Glauben und Wissen*, welche das abendländische Denken bis heute prägt. Kant hat das Wissen bis zur allerhöchsten Spitze getrieben. Er wollte „dem Glauben Platz machen", indem er behauptete, über Gott könnten wir nichts wissen, wir könnten nur an ihn glauben. Lediglich unser moralisches Empfinden und der gestirnte Himmel über uns deuten auf Gott hin.

Kant wollte den Raum freimachen für den Glauben, aber für einen Glauben, der über der Geschichte „schwebt", der *übergeschichtlich* ist. Kant war ja mit Kategorien der platonischen Ideenlehre behaftet – und die Konsequenz ist der überweltliche, nicht zu beweisende Gott. Konsequenterweise hat er sich stark gegen Gottesbeweise gewehrt, wie sie etwa Thomas von Aquin im Mittelalter vertreten und entfaltet hatte.

Kants Philosophie hat zu einem enormen *Geschichtsverlust* geführt, der sich bis heute auswirkt. Er wollte eine Art Übersphäre dem Glauben und Gott sichern, die sich nicht in der Geschichte nachprüfen und verifizieren läßt. Gott ist praktisch etwas Schönes, das höchstens noch im moralischen Gewissen wahrgenommen wird, aber er schwebt über unseren Köpfen, er geht nicht in die Geschichte hinein, so daß wir hier Spuren und Wirkungen wirklich wahrnehmen könnten. Von Kant stammt das bekannte Modell, das auch den jungen Karl Barth, den jungen Paul Althaus und andere geprägt hat: keine Heils- und Endgeschichte, sondern nur eine Übergeschichte (dazu mehr in Teil 3).

In der Folge dieser philosophischen Weichenstellungen zog sich die Theologie immer weiter aus der Geschichte zurück. Daniel Friedrich Ernst Schleiermacher etwa postulierte für die Gotteserfahrung die Provinz des Gefühls im Sinne einer intuitiven und durchaus emotionalen Gotteserkenntnis im Anschauen und Fühlen des Universums. Albrecht Ritschl hat die Sittlichkeit, Vertreter der Dialektischen Theologie haben „das Wort" als einzigen Zugang zu

Gott betont. Gerade der junge Barth postulierte nur die Übergeschichte, die nicht verifizierbar sei.

Noch extremer betrieb Rudolf Bultmann die Herauslösung des Alten Testaments mit seinen vielen Geschichten aus der Entscheidungssphäre und die Reduktion eschatologischer Aussagen auf die eigene innere Existenzerfahrung des Menschen. Die Folge dieses Geschichtsverlustes war, daß die Heilsgeschichte völlig in eine Übergeschichte, ja noch schlimmer: in eine bloße „Innengeschichte" des Menschen überging – eine Vorstellung, die am Ende des 20. Jahrhunderts in der „tiefenpsychologischen Interpretation" biblischer Texte etwa durch Eugen Drewermann eine weitere Steigerung erfuhr.

Es gab und gibt trotz dieses Geschichtsverlustes auch in jüngerer Zeit noch Vertreter einer *heils- und endgeschichtlichen Sicht*, auch in der Universitätstheologie, etwa Oskar Cullmann oder Missionstheologen wie Karl Hartenstein, Walter Freytag u.a. (vgl. Kap. 3.1.). Diese stimmen trotz manchem Unterschied im Detail darin überein, daß Gott einen Plan hat, der sich in wirklicher Geschichte in chronologischen Abläufen erfüllt, daß es echte Prophetie in der Bibel gibt, die uns diesen Plan enthüllt, und daß Jesus Christus im buchstäblichen Sinn wiederkommen und sein Reich errichten wird.

Für die heils- und endgeschichtliche Sicht seien nun die folgenden vier Gründe genannt:

a) Die Bibel ist ein *heilsgeschichtlicher Organismus.* Sie spannt den Bogen von der Welterschaffung bis zur Weltvollendung, von der Urgeschichte bis zur Endgeschichte. In ihr wimmelt es von historischen Angaben, von Ereignissen in Raum und Zeit. Die fünf Bücher Mose, die Bücher Josua bis Esther sind Geschichtsbücher. Die neutestamentlichen Evangelien sind von ihrer Anlage und ihrem Aufbau her über weite Strecken als Geschichtsbücher charakterisiert. Und auch die poetischen, prophetischen und apokalyptischen Schriften und Kapitel nehmen weithin auf historische Ereignisse Bezug oder erzählen diese in realer oder symbolischer Weise.

b) Die Bibel ist geschichtlich auch im Blick auf ihre *Zukunftsvoraussagen.* Das beweisen die Prophezeiungen, die sich in mehr als 6.000 Versen der Heiligen Schrift finden und von denen viele bereits ihre Erfüllung erfahren haben. Der Informatiker Werner Gitt hat in seinem Buch „Das Fundament" (Neuhausen-Stuttgart 1985, Seite 118 f.) errechnet, daß bisher von den 6.408 Versen der Bibel mit prophetischen Aussagen 3.268 erfüllt sind, und zwar ohne, daß je eine Aussage entgegengesetzt oder auch nur anders eingetroffen wäre. Nach Gitt ergibt sich für das Eintreffen aller dieser Prophezeiungen die unvorstellbar geringe Wahrscheinlichkeit von 2 hoch minus 3.268, was auf Gott als Planer hinweise. Gitt rechnet so, daß bei einer Prophezeiung oder einem Vers die Wahrscheinlichkeit schon 50:50 ist. Und wenn man das dann auf alle diese Verse aufrechnet, kommt man auf diese unwahrscheinlich hohe Zahl.

c) In der Bibel ist immer wieder die Rede davon, daß viele ihrer Voraussagen ihre Erfüllung erst in weit entfernter Zeit *am Ende der Tage* finden werden. Es begegnen uns immer wieder Begriffe wie „in ferner Zukunft", „in jenen Tagen", „am Ende der Tage", auch schon bei den alttestamentlichen Propheten, etwa in Jesaja 2,2; Jeremia 48,47; Hesekiel 38,16; Hosea 3,5 und an vielen anderen Stellen, wo ausdrücklich gesagt wird: Am „Ende der Zeit" wird dies und jenes geschehen (und nicht etwa während der babylonischen Gefangenschaft, worauf manche Ausleger solche Prophezeiungen reduzieren wollen). Das verbietet also eine zeitgeschichtliche Deutung an solchen Stellen. Faßt man solche Aussagen von ihrem Kontext und Wortsinn her als buchstäbliche Voraussagen für eine endgeschichtliche Erfüllung auf, dann kann man nicht anders, als die reale Wiederkunft Christi und die damit zusammenhängenden Ereignisse zu erwarten.

d) Schließlich müssen wir einfach als Traditionsargument noch anfügen, daß die heils- und endgeschichtliche Sicht in allen Jahrhunderten der Kirchengeschichte ihre Vertreter gefunden hat, ja daß sie grundsätzlich trotz vielfältiger Variationen und Umdeutungen als die *klassische, traditionelle Auslegung* gilt, schon bei den Kirchenvätern (dazu mehr in den folgenden Teilen).

3. End-, Zeit- oder Übergeschichte?
Eschatologische Systeme im Vergleich

Die eschatologischen Modelle und Systeme, die in der Kirchengeschichte entwickelt wurden, sind zahlreich. Sie hängen, wie schon erwähnt, mit unterschiedlichen philosophischen und theologischen Vorstellungen, vor allem mit einer unterschiedlichen *Hermeneutik* (Ansicht über die Auslegung einer Schrift) zusammen. Das Schriftverständnis bestimmt auch im Blick auf die Eschatologie, welches Deutungsmuster gewählt wird. Die hier in Betracht kommenden Texte sind namentlich die prophetischen und apokalyptischen Verse, Kapitel oder Bücher des Alten und Neuen Testaments.

In den folgenden Kapiteln stelle ich eschatologische Modelle, die insbesondere im 20. Jahrhundert Bedeutung behalten oder erlangt haben, etwas ausführlicher vor und bringe sie miteinander ins Gespräch. Es sei ausdrücklich betont, daß es außer diesen noch mehr Deutungsmöglichkeiten – etwa des Buches Daniel und der Johannesapokalypse – gab und gibt. Einen Eindruck von der Fülle der eschatologisch-hermeneutischen Ansätze möge folgende skizzenartige Auflistung vermitteln:

1. Die *endgeschichtliche Deutung* ist die in der Kirchengeschichte gebräuchlichste: Die prophetischen und apokalyptischen Worte reden von zukünftigen Ereignissen, die auf ein endzeitliches Ziel zulaufen. Die endgeschichtliche hängt untrennbar mit der heilsgeschichtlichen Deutung zusammen.

2. Die *zeitgeschichtliche Deutung* steht in schroffem Gegensatz hierzu. Sie bezieht die prophetischen und apokalyptischen Worte auf Geschehnisse, die sich zu Lebzeiten der Verfasser abgespielt, bzw. auf Personen, die damals gelebt haben. Sie rechnet nicht mit wirklicher Zukunftsprophetie.

3. Die *kirchen-, welt- und reichsgeschichtliche Deutung* rechnet hingegen mit Prophetie, bezieht diese aber weniger auf das Ende der Welt, sondern mehr auf die vergangene, gegenwärtige und zukünftige Kirchen-, Welt- und Reich-Gottes-Geschichte (ohne die

Endgeschichte dabei auszuschließen). Auch diese Deutung ist sehr verbreitet.

4. Die *übergeschichtliche oder transzendentale Deutung* möchte allgemeine religiöse Wahrheiten aus den biblischen Texten herauslesen, ohne sich in Diskussionen über den historischen Rahmen, in dem diese stehen, hineinzubegeben.

5. Ähnliches gilt für die *axiologische Deutung*, welcher es nicht um eine temporale Chronologie von Ereignissen, sondern um die Werthaftigkeit eschatologischer Aussagen, ihren Ewigkeitsbezug geht.

6. Die *allgemein-religiöse oder religionsgeschichtliche Deutung* erstrebt ähnliches, geht aber weiter als die übergeschichtliche Deutung, indem sie den von der Historie losgelösten Wahrheitsgehalt auch in außerbiblischen Schriften, den „heiligen Büchern" anderer Religionen entdecken möchte.

7. Der *traditionsgeschichtlichen Deutung* liegt die Hypothese zugrunde, daß sich in den biblischen Schriften – und insbesondere in ihren prophetischen und apokalyptischen Teilen – uralte Mythen und Elemente aus anderen Religionen finden. Dementsprechend arbeitet sie wie die allgemein-religiöse Auslegung, mit der sie eng verwandt ist, mit dem religionsgeschichtlichen Vergleich.

8. Die *existentiale Deutung* betrachtet die prophetischen und apokalyptischen Aussagen der Heiligen Schrift als Mythen und Symbole, in denen verschlüsselt von der Existenz des Menschen die Rede ist. Ihnen kommt keine futurische, sondern eine präsentische Bedeutung zu.

9. Die *politische Deutung* betrachtet das eschatologisch verheißene Reich Gottes als vom Menschen zu schaffendes oder mit vorzubereitendes Werk.

10. Die *christologische Deutung* sucht weder nach Parallelen in anderen Religionen noch möchte sie primär einen „Heilsfahrplan" erstellen. Vielmehr fragt sie auch in den prophetischen und apokalyptischen Texten in erster Linie danach, „was Christum treibet" (Martin Luther).

Welche Deutung stimmt am besten mit dem biblischen Schriftzeugnis in seinem Literalsinn (Wortsinn) und Kontext (Zusammenhang) überein? Gibt es berechtigte Anliegen in den unterschiedlichen Interpretationssystemen? Wo liegen ihre jeweiligen Grenzen?

Im folgenden skizziere ich einige grundlegende Modelle einer endgeschichtlichen, einer zeitgeschichtlichen und einer übergeschichtlichen Deutung, wie sie in unterschiedlichen Variationen vertreten wurden und werden und unterziehe sie einer Wertung aus biblisch-theologischer Sicht.

3.1. Endgeschichte: Die teleologisch-futurische Deutung

Die teleologisch-futurische oder endgeschichtliche Deutung rechnet mit *wirklicher Prophetie*, betrachtet *Gott* als Lenker der Geschichte und vertraut darauf, daß er die Welt-, Heils- und Kirchengeschichte zu dem in der Bibel vorhergesagten *Ende* führt. Obwohl sie unterschiedliche Schwerpunkte setzen, stimmen sowohl die Vertreter einer heils- und endgeschichtlichen als auch diejenigen einer welt-, reichs- und kirchengeschichtlichen Deutung in diesen Punkten überein.

Das teleologisch-futurische Modell, das man wohl als das *traditionelle* bezeichnen kann, hat in allen kirchengeschichtlichen Epochen seine Befürworter gefunden. Ich beschränke mich – wie auch in den folgenden Kapiteln – auf kurze Beispiele aus den letzten Jahrhunderten. Eine umfassende Darstellung, die alle kirchengeschichtlichen Epochen einbezieht, findet der interessierte Leser z.B. in Gerhard Maiers monumentalen Werk „Die Johannesoffenbarung und die Kirche" (Tübingen 1981).

Als klassischer Vertreter sowohl einer welt- und kirchengeschichtlichen als auch einer heils- und endgeschichtlichen Schau gilt der schwäbische Prälat und Bibeltheologe *Johann Albrecht Bengel* (1687–1752). „Bengel war mehr an der Heilsgeschichte interessiert als Luther oder Spener, Francke oder Zinzendorf", stellt Gerhard Maier fest (a.a.O., S. 428). Durch ihn erlangt die – etwa in der Reformationszeit weitgehend tabuisierte – Auslegung der prophetischen und apokalyptischen Schriften im 18. Jahrhundert große Bedeutung. Dabei bleibt er manchen eschatologischen Interpretationen der Reformatoren durchaus verhaftet, etwa der Deutung des antichristlichen Tieres in Apk (Offb) 13 auf das Papsttum. Im Anschluß an Spener allerdings vertritt er den Gedanken des Tausendjährigen Reiches, sogar in einer doppelten Form (Dichiliasmus).

Der wesentliche Unterschied zu Luther – und hier fließen Gedanken des Spenerschen Pietismus, der Bundestheologie Coccejus' und Vitringas sowie des Joachimismus mit ein – ist die geschichtliche Interpretation der Heiligen Schrift. Sie ist für ihn ein zusammenhängender Organismus und geschichtlich auszulegen, auch in ihren zukunftsbezogenen Aussagen. Bengel betrachtet die Bibel – ganz im Gegensatz zur aufklärerisch-kritizistischen Auflösung ihrer Einheit in Teile und Fragmente – als ganzheitlich-heilsgeschichtlichen Organismus: Ihre Bücher sind „nicht als bloße Spruch- und Beispielbüchlein anzusehen, sondern als eine unvergleichliche Nachricht von der göttlichen Ökonomie (Haushalt) bei allen Kreaturen, bei dem menschlichen Geschlecht, besonders aber bei dem Volk Israel und der Gemeinde Jesu Christi durch alle Weltzeiten vom Anfang bis zum Ende aller Dinge, wobei beschrieben wird, wie die göttlichen Geheimnisse nach und nach entdeckt wurden, weiter die Verheißungen, die Umwege und Versuchungen, die Erfüllungen, die Strafen und Rettungen an bösen und guten einzelnen Menschen oder an ganzen Geschlechtern und Völkern, vor allem aber an beiderlei Zukunft Christi, sein Kommen im Fleisch und in der Herrlichkeit, samt dem Warten der Heiligen, und also alte und neue, vergangene und zukünftige Dinge" (J. A. Bengel, „Von der rechten Weise mit göttlichen Dingen umzugehen", in: ders., Das Neue Testament übersetzt und mit Anmerkungen versehen, Stuttgart 1753, Einleitung).

Dabei gelangt Bengel zu einer Parallelsetzung von – teilweise spiritualisierten – biblischen Aussagen mit Ereignissen in der *Kirchen- und Weltgeschichte*, also zu einer seiner Meinung nach berechenbaren *Chronologie*, die er über die Zeit der biblischen Verfasser hinaus bis in seine Gegenwart und auch über seine eigene Gegenwart hinaus bis in die Zukunft hinein weiterführt. Gerhard Maier faßt einige Beispiele dieser Deutung zusammen:

„Das 2. Jahrhundert ist gekennzeichnet durch die Zerstreuung der Juden durch Hadrian, angekündigt durch Apk 8,7. Im 3. Jahrhundert erfolgt der Einfall der Goten und anderer fremder Völker, bedeutet durch Apk 8,8. Das vierte ist das Seculum Arianum gemäß Apk 8,10. Im 5. Jahrhundert endet unter Augustulus das weströmische Kaisertum, nach Apk 8,12. Im 6. Jahrhundert ereignet sich die Drangsal der Juden in Persien gemäß Apk 9,1. Im siebten beginnt das saracenische Töten gemäß Apk 9,13. Das achte ist das des Bildereifers (9,20). Das neunte wird geprägt vom Kaisertum Karls des Großen (10,11). Das zehnte nennt Bengel Seculum Infelix nach Apk 12,12. Das elfte charakterisiert er als Seculum Hildebrandianum unter Berufung auf Apk 13,1. Im zwölften entfaltet sich die Gewalt des Papstes nach Apk 13,4 und im dreizehnten erfolgt der Kreuzzug wider die Waldenser (13,7). Das vierzehnte sieht die päpstliche Macht auf alle Nationen erstreckt (13,7). Das fünfzehnte ist das der Anbetung des Tieres nach Apk 13,8. In Apk 13,9 ist das sechzehnte Jahrhundert als das der Reformation geweissagt, das siebzehnte Jahrhundert ist das der evangelischen Lehrer, nämlich Arnds und Speners nach Apk 14,6 und 8“ (Maier, a.a.O., S. 430).

Durch komplizierte Berechnungen gelangte Bengel zu der Spekulation, daß die Gesamtdauer der Welt 7777 7/9 Jahre umfasse, und datierte die Wiederkunft Jesu Christi auf das Jahr *1836*. Vorsichtig fügte er hinzu: „Sollte das Jahr 1836 ... ohne merkliche Änderung vorbeistreichen, so wäre freilich ein Hauptfehler in meinem System und man müßte eine Überlegung anstellen, wo er stecke“ (zit. nach Maier, S. 431). Das Jahr 1836 strich tatsächlich ohne merkliche Änderung vorbei. Hätte Bengel Mk 13,32 („Tag und Stunde weiß niemand ...“) ernstgenommen, dann hätte er ein solch waghalsiges Unternehmen wohl kaum begonnen. Auch sonst krankt seine kirchen- und zeitgeschichtliche Deutung der Apokalypse, wie oben deutlich wurde, streckenweise an einer spiritualistischen Interpretation der Texte, die man insoweit als „Eisegese“ (Hineininterpretation von vorgefertigten Lehrinhalten) bezeichnen muß. Dennoch kommt ihm das Verdienst zu, die Eschatologie wieder ganz neu zu einem Thema der Theologie gemacht zu haben und der Apokalyptik ihre Bedeutung zurückzuerobern.

Als wichtigster Vertreter einer heilsgeschichtlich-prophetischen Schriftauslegung im 19. Jahrhundert darf der Erlanger Systematiker *Johann Christian Konrad von Hofmann* (1810–1877) gelten. Von Bengel beeinflußt, aber in seinen Spekulationen viel zurückhaltender, betrachtet auch von Hofmann die Heilige Schrift als einen einheitlichen Organismus, dessen Teile vom Schriftganzen her zu lesen sind und *heilsgeschichtlich* zusammengehören. In seinem zweibändigen Werk „Weissagung und Erfüllung im alten und im neuen Testamente" (Nördlingen 1841/1844) geht er von der geschichtlichen Wirklichkeit der in der Bibel berichteten Ereignisse aus. Real ist für ihn z.B. die Existenz des ersten Menschenpaares, die babylonische Völkertrennung, die Erwählung und Verwerfung des Volkes Israel, die Heimkehr der Juden in ihr Land, das Erscheinen des Antichristen, das Tausendjährige Reich auf Erden, die ewige Verwerfung der Gottlosen und die ewige Seligkeit der Gläubigen.

J. Chr. K. v. Hofmann schreibt über seine hermeneutischen Prinzipien: Der Ausleger würdigt „die Wunderbarkeit der von der Schrift beurkundeten Geschichte. Desgleichen ist ihm das Verhältnis zu Gott, in welchem er sich durch Christum findet, Verbürgung einer Geschichte zwischen Gott und der Menschheit, welche diesem auf ihr beruhenden Verhältnisse gleichartig sei. Er würdigt hienach die Weise, wie die Schrift von Gott spricht und lehrt. Wie ihm dort die Erlebnisse der Menschheit, wenn er sie in ihrem Zusammenhange mit Christo erkennt, nicht zu wunderbar sind, so sind ihm hier die Aussagen von Gott, welche jenen Erlebnissen entsprechen, nicht zu menschlich. Damit, daß er Jesum als seinen Heiland kennt, weiß er auch Israels eigenthümlichen Beruf, und würdigt hienach das israelitische Gepräge des Schriftinhalts, sowohl was die beurkundete Geschichte, als was die geweissagte Zukunft anlangt. Es ist keine volksthümliche Beschränktheit, welche sich in diesem Gepräge des Schriftinhalts darstellt, sondern Israels eigenthümlicher Beruf für die Geschichte der Heilsverwirklichung" („Die Aufgabe der biblischen Hermeneutik", in: H. Schmid, Vermischte Aufsätze von Professor von Hofmann. Eine Auswahl aus der

Zeitschrift für Protestantismus und Kirche, Erlangen 1878, S. 115 f.).

Auch der Tübinger Neutestamentler *Johann Tobias Beck* (1804–1878), der als der bedeutendste Vertreter des württembergischen Biblizismus im 19. Jahrhundert gilt, knüpft an Bengel an. Wie dieser betrachtet Beck die Heilige Schrift als einen einheitlichen, vollendeten Organismus mit wirklichen geschichtlichen Aussagen, sowohl was die Vergangenheit als auch was die Zukunft betrifft. Der göttliche Weltplan kommt im Ablauf von *Zeitperioden* zum Ziel. Unter Bezugnahme auf die drei Ämter Christi betrachtet er die christliche Offenbarung als Reichsoffenbarung (Jesus als König), Heilsoffenbarung (Jesus als Priester) und Lehroffenbarung (Jesus als Prophet) (vgl. J. T. Beck, Einleitung in das System der christlichen Lehre, Stuttgart 1838).

Einflußreicher Schüler Bengels und Becks ist der frühvollendete *Karl August Auberlen* (1824–1864), der 1854 in Basel sein Hauptwerk „Der Prophet Daniel und die Offenbarung Johannis“ veröffentlicht. Im Unterschied zu Bengels welt- und kirchengeschichtlicher Deutung, die etwa zu den oben beschriebenen problematischen Spekulationen über das Ende der Weltgeschichte führte, gibt Auberlen der *reichsgeschichtlichen* Auffassung den Vorzug: „Die Apokalypse zeichnet Wesensbeschaffenheiten; diese sind zu ermitteln, unabhängig von der Frage: auf welche äußere, geschichtliche Erscheinung (Staat, Kirche, Begebenheit, Person) trifft dieß (sic) zu“ (S. 364). Da z.B. auf die letzte Trübsalszeit und die Zahl 666 erst die Enderfüllung letztes Licht wirft, sieht er keine Notwendigkeit, ein geschlossenes chronologisches System mit spekulativen Datierungen vorzulegen.

Auberlen möchte die alt- und neutestamentlichen Prophezeiungen, etwa im Blick auf das Tausendjährige Reich, wörtlich verstehen und lehnt ihre spiritualistische Umdeutung ab: „Alles concentrirt (sic) sich ... um die Anerkennung der Lehre vom tausendjährigen Reich“, kann er sagen. Und weiter: Die ganze Prophetie des Alten Bundes „kann ohne dieselbe (Lehre) gar nicht wahrhaft verstanden werden“ (S. 428.328f.). Jesus sei „wie alle Propheten und Apostel ein Chiliast“ gewesen (S. 329).

In seiner Auffassung vom Antichristen und der babylonischen Hure rückt er von der Meinung der Reformatoren, aber auch Speners und Bengels ab. Diese hatten den Antichristen auf das Papsttum und die Hure auf die Stadt Rom gedeutet. Ohne dies auszuschließen, faßt Auberlen seine Interpretation weiter: Für ihn ist *Babel die verweltlichte Kirche*, wo auch immer diese sich zeigt, und der Antichrist ist der satanisch inspirierte Machthaber der Endzeit, der mit dieser verweltlichten Kirche zusammenarbeitet. Auberlen schreibt:

„Der Grundfehler unserer christlichen Theorie und Praxis aber ist die Vermischung von Reich Gottes und Welt, welche die Schrift eben Hurerei nennt ... Sobald die Kirche vergißt, daß sie in der Welt sein soll, wie Christus in der Welt war, als Kreuzträgerin und Pilgerin, sobald sie vergißt, daß die Welt für sie gekreuzigt und gerichtet ist, sobald sie derselben in ihrem Herzen wieder Realität zugesteht, sie als eine Macht anerkennt, vor deren Zorn sie sich fürchtet, um deren Beifall sie buhlt, mit der sie eine Vermittlung anstrebt, deren Ehre und Gut, deren Genüsse, deren angenehme Existenz ihr wünschenswert erscheinen, mit deren Weisheit, Bildung, Wissenschaft, Geist sie dem Worte der Wahrheit gegenüber kokettiert: sobald ist schon der Ehebruch geschehen. Dieses Sich-Einlassen mit der Welt, Sich-Einleben in die Welt, Sich-Tragenlassen von der Welt macht das Wesen der Hurerei aus“ (S. 327 f.).

Auch der in Berlin lehrende, mit der Erweckungsbewegung verbundene Lutheraner *Ernst Wilhelm Hengstenberg* (1802–1869) denkt *heilsgeschichtlich*, lehnt aber – gemäß CA (Confessio Augustana, Augsburger Bekenntnis) 17 – die Erwartung eines zukünftigen Tausendjährigen Reiches ab. Stattdessen vertritt er die eigenwillige Ansicht, daß das Tausendjährige Reich mit der Krönung Kaiser Karls des Großen im Jahre 800 n. Chr. begonnen habe (vgl. E. W. Hengstenberg, Die Offenbarung des heiligen Johannes, Bd. 2, Berlin, 2. Aufl. 1862, S. 240 ff.). Er identifiziert also – nicht ohne eine gewisse Paradoxie – ausgerechnet die Hochblüte des Papsttums mit dem Millennium, was ihm in diesem Punkt nicht viele Freunde im lutherischen Lager einbringt.

Grundsätzlich ist Hengstenbergs Eschatologie – wie auch seine Theologie überhaupt – gekennzeichnet vom Kampf gegen den Rationalismus. Mit Vehemenz vertritt er die Realität des Wunders und der Weissagung – und somit die zukünftige Erfüllbarkeit biblischer Prophetie, auch wenn er eine *zeitgeschichtliche* Deutung nicht ganz ausschließt. So bezieht sich für ihn Apk 13 zuerst auf die Zeit Domitians, dann aber auch auf die gottlose Weltmacht, die – als Wiederbelebung des römischen Reiches – aus dem Meer der Völker heraufsteigen wird. Eine Identifikation des Antichristen mit dem Papsttum lehrt er – im Gegensatz zu Luther – nicht.

Im 20. Jahrhundert haben sich u.a. Karl Heim, Karl Hartenstein, Oscar Cullmann, Wolfhart Pannenberg und Walter Künneth durch eine heils- und endgeschichtliche Schau hervorgetan.

Der Tübinger Systematiker und Grenzgänger zwischen Theologie und Naturwissenschaften *Karl Heim* (1874–1958) wendet sich – nach anfänglichen Zugeständnissen an die Theologie des frühen Barth und Althaus (s. u.) – mehr und mehr einer *heils- und endgeschichtlichen* Deutung der Heiligen Schrift zu. Er lehnt es ab, die biblische Zukunftserwartung zugunsten einer transzendentalen Zeitlosigkeitsmetaphysik oder existentialen Vergegenwärtigung aufzulösen. Die Wiederkunft Jesu Christi stellt für ihn ein zentrales zukünftiges Faktum dar. Sie besitzt den Charakter eines die Weltentwicklung durchbrechenden Aktes, bei dem die *Machtfrage* gelöst wird. Die apokalyptischen Bücher enthüllen den Plan, den Gott für die Weltentwicklung bereit hält. Heims Geschichtstheologie, wie sie etwa in der Einleitung zu seinem Werk „Glaube und Denken" (Berlin 1931) beschrieben wird, ist insbesondere als Auseinandersetzung mit den gottfeindlichen Mächten des Säkularismus konzipiert. Rolf Hille faßt sie in seiner Dissertation über Heim so zusammen:

„Mit der Einschätzung seiner Gegenwart als apokalyptischer Bedrohung der Heilsgemeinde nimmt Heim die Tradition des württembergischen Pietismus auf, für den Bengels Lehre von der Heilsökonomie und vor allem dessen Auslegung zur Johannesoffenbarung die Beurteilung der Zeitzeichen großes Gewicht hat. Typisch für diese Geschichtstheologie ist die Vorstellung von einem im Weltlauf wirksamen apokalyptischen Gefälle, das sich unumkehrbar in den Ereignissen vor der Wiederkunft Christi symptomatisch verstärkt. Die Zeichen der Zeit verdichten sich wie magnetische Feldlinien auf das Ende der Welt hin. Die Konturen des Frevels gewinnen quantitativ ein bislang ungekanntes Ausmaß, indem sie die breite Masse der Bevölkerung umfassen, und erhalten qualitativ eine die Christenheit schwer verletzende Schärfe, die ohne historisches Beispiel ist ... In dem Prozeß der Endgeschichte brechen die inhaltlich bislang nur von den intellektuellen Führungsschichten rezipierten Ideologien zu geschichtsmächtiger Wirkung bei weiten Teilen der Bevölkerung durch und setzen die Massen in Bewegung. Sie gewinnen darin antichristlichen Charakter, daß sie zum Teil sogar typische Lebensäußerungen der Kirche aufnehmen, aber sich durch ihre christusfremden bzw. sogar christusfeindlichen Inhalte gegen sie kehren" (R. Hille, Das Ringen um den säkularen Menschen. Karl Heims Auseinandersetzung mit der idealistischen Philosophie und den pantheistischen Religionen, Gießen/Basel 1990, S. 45f.).

Der württembergische Missionstheologe *Karl Hartenstein* (1894–1952) befindet sich in den Bahnen Bengels und Auberlens. In seinen Schriften, v.a. in dem 1936 veröffentlichten Werk „Der wiederkommende Herr", vertritt er ein von der Endzeiterwartung bestimmtes *heils- und reichsgeschichtliches* Verständnis der Mission. *„Mission im Blick auf das Ende"* wird für ihn zum Programm. Für Hartenstein zerfällt die Heilsgeschichte in drei Zeitabschnitte: „Vor Christus erstreckt sich die Zeit der Weissagung (AT), Christi Wirken auf unsrer Erde ist die ‚Offenbarungszeit', und bis zur Wiederkunft spannt sich die Zeit des Neuen Testaments, das jubelnd auf das Ziel Gottes weist" (Maier, a.a.O., S. 583).

Bemerkenswert ist, daß nicht nur dem Pietismus und „Biblizismus" nahestehende, sondern auch „kritische" Theologen wie Oscar Cullmann (1902–1999) und Wolfhart Pannenberg (geb. 1928) eine heils- und endgeschichtliche Schau vertreten können. So schreibt z.B. der Neutestamentler *Oscar Cullmann* die Johannesapokalypse einem Schüler des Apostels Johannes zu, hält aber an der Möglichkeit echter Prophetie und eines zeitlichen Ablaufs der geschauten und überlieferten Begebenheiten fest. Gegenüber Bultmann und dem frühen Barth postuliert er die *Zusammengehörigkeit von Glaube und Geschichte*, bezeichnet die Heils- oder Offenbarungsgeschichte als das Herzstück der neutestamentlichen Verkündigung und untergliedert die Heilsgeschichte in verschiedene Epochen mit Christi Kreuzigung und Auferstehung als *„Mitte der Zeit"*. Die Erwartung der Wiederkunft Christi nimmt er genauso ernst wie die diesem vorausgehenden Zeichen und Gerichte.

Karl-Heinz Schlaudraff zieht in seiner Dissertation über Cullmanns heilsgeschichtlichen Ansatz folgendes Resümee: „Seine Gesamtsicht der Heilsgeschichte verdankt Cullmann keinem biblizistischen Anliegen, ebensowenig einer apologetischen Bemühung um den Aufweis der Zusammengehörigkeit der beiden Testamente, sondern der für ihn charakteristischen Verbindung von urchristlicher Eschatologie und Christologie ... Durch die Einsicht, daß mit dem Kommen Jesu Christi und mit dem Anbruch seiner Königsherrschaft die endzeitliche Erfüllung begonnen hat, die sichtbare Vollendung des Reiches Gottes aber noch aussteht, war eine ‚Heilslinie' gegeben, die rückwärtig in die Zeit der alttestamentlichen Vorgeschichte hinein ausgezogen werden konnte. Die so entstandene heilsgeschichtliche Gesamtsicht will die Existenz des einzelnen Glaubenden nicht ausklammern, wohl aber in einen ihr vorgegebenen und sie übergreifenden, von Gott gesetzten Geschehenszusammenhang einreihen" (K.-H. Schlaudraff, „Heil als Geschichte"? Die Frage nach dem heilsgeschichtlichen Denken, dargestellt anhand der Konzeption Oscar Cullmanns, Tübingen 1988, S. 254).

Viel stärker philosophisch-rationalistisch als Cullmann ist der Münchner Systematiker *Wolfhart Pannenberg* mit seinem Programm *„Offenbarung als Geschichte"* orientiert. Pannenberg identifiziert – in direktem Gegensatz zu Barth und Bultmann, aber auch im Unterschied zu Cullmann – Welt- und Heilsgeschichte in Form einer *„Universalgeschichte"* und leitet die Erkennbarkeit Gottes, der Auferstehung und des ewigen Lebens aus kosmologischen und anthropologischen Grundbefindlichkeiten ab. „Alle Linien der Theologie Pannenbergs, die Hermeneutik, die Gotteslehre, die Offenbarungslehre, die Anthropologie, die Christologie und die Lehre vom Glauben sind gekennzeichnet durch den Bezug zur noch ausstehenden Zukunft. Man könnte Pannenbergs Theologie insgesamt eine Theologie der Zukunft nennen", meint Sebastian

Greiner in seiner Dissertation über „Die Theologie Wolfhart Pannenbergs“ (Würzburg 1988, S. 317).

Dabei ist freilich festzustellen, daß Pannenberg keinen chronologischen „Heilsfahrplan“ im Stil etwa der Bengelschen Schule entwirft, sondern eher assoziativ einzelne Ereignisse nennt, die sich aufgrund seiner Beobachtung der bisherigen Geschichte – quasi als „Verlängerung“ derselben – noch ereignen werden. Zentral ist dabei das Ereignis der Auferstehung Jesu Christi von den Toten, aus dem sich die Hoffnung auf eine allgemeine Auferweckung der Toten zum ewigen Leben oder Gericht ergibt. In Jesu Auferstehung ereignet sich die Zukunft vorweg.

In seiner Beschreibung der eschatologischen Ereignisse gebraucht Pannenberg Kategorien, die sich in ähnlicher Weise auch in der „Erfahrungstheologie“ des jungen Paul Althaus (s. u.) finden. Insofern ist sein Ansatz nicht allein einer „heilsgeschichtlichen Theologie“ im strengen Sinne zuzuordnen, sondern stellt infolge der Überfremdung biblischer Aussagen durch philosophische Elemente eher eine *„Mischform“* dar. Als Beispiel seien folgende Ausführungen Pannenbergs über „Zeit, Ewigkeit, Gericht“ aus seinem erstmals 1962 veröffentlichtem Buch „Was ist der Mensch?“ wiedergegeben:

„Die Zeit scheidet sich nur für einen Standpunkt im Fluß der Ereignisse selbst in Vergangenheit, Zukunft und Gegenwart. Von jenseits des Zeitflusses her gesehen fällt alles Geschehen in ewiger Gegenwart zusammen. Das erfahren wir ansatzweise schon in unserem eigenen Gegenwartsbewußtsein. Die Einheit unseres Lebens im ewigen Zusammenklang allen Geschehens kann jedoch erst nach dem Tode, mit der Auferstehung der Toten, in unser Leben eintreten. Die Ewigkeit bedeutet aber das Gericht, weil im ewigen Zusammenklang unser Leben an seinen Widersprüchen und insbesondere am Grundwiderspruch des Ich gegen seine unendliche Bestimmung zugrunde gehen muß. Allein für den mit Jesus Verbundenen bedeutet die Auferstehung nicht nur Gericht, sondern ewiges Leben“ (W. Pannenberg, Was ist der Mensch? Die Anthropologie der Gegenwart im Lichte der Theologie, Göttingen, 4. Aufl. 1972, S. 58).

Die eher traditionelle Sicht vertritt hingegen der Erlanger Systematiker *Walter Künneth* (1901–1997), der sowohl an lutherische als auch an pietistische Positionen im Blick auf die Eschatologie anknüpft. Im Unterschied zu Pannenberg hält er an der Transzendenz der Heilsgeschichte gegenüber der Weltgeschichte fest, die sich – insbesondere in Gestalt der Auferstehung Jesu Christi – als ein „Unbedingtes" einer rein rationalen Erfassung verschließt. Künneth betont zu Recht, „daß wohl unaufgebbare und notwendige Beziehungen zwischen der Auferstehung Jesu und der Geschichte vorliegen, daß aber der Begriff ‚Geschichtlichkeit' das Wesen des Auferstehungszeugnisses nicht erfaßt, dieses vielmehr auf eine Geschichtstranszendenz hinweist" (W. Künneth, Theologie der Auferstehung, Gießen/Basel, 6. Aufl. 1982, S. 31).

Diese Transzendenz postuliert er auch für die eschatologischen Ereignisse, die nur im Glauben aufgrund der biblisch bezeugten Offenbarung verstanden werden können: „Erst die Bejahung des Glaubens als Voraussetzung aller Auferstehungserkenntnis ermöglicht einen sachgemäßen Vollzug der historischen Forschung" (a.a.O., S. 111). Analoges gilt für die Zukunftserkenntnis. Auch Künneth begründet die Eschatologie wie Pannenberg von der Auferweckung Jesu Christi her, vermeidet aber die Verflüchtigung der biblischen Prophezeiungen in philosophische Begriffe.

Heilsgeschichte ist bei ihm – ähnlich wie bei Cullmann – streng *christozentrisch* bestimmt. Sie läuft als *„Weissagungsgeschichte"* auf das Christusereignis zu, und sie kommt als *„Missionsgeschichte"* von diesem her: „Von der Sinnmitte der Auferstehung aus ist einerseits die das Eschaton vorbereitende Heilsgeschichte als Weissagungsgeschichte und andererseits als Missionsgeschichte zu verstehen. Alles geschichtliche Geschehen vor Setzung der Geschichtsmitte hat seinen eschatologischen Sinn in der ahnenden und deutenden Ausrichtung dieser Geschichte auf die sinnerfüllende Wirklichkeit des Auferstandenen ... Nach der Setzung der Sinnmitte aber wird die Geschichte zur Missionsgeschichte ... Die Geschichte seit der Auferstehung empfängt ihren Sinn dadurch, daß in ihr durch die Kundmachung der Christusbotschaft das Eschaton der Geschichtsvollendung sich vorbereitet" (a.a.O., S. 256).

Ausgehend von diesem Geschichtsentwurf spricht Künneth – ähnlich wie Bengel – von einem göttlichen Heilsplan, einer *„Ökonomie"*, die sich in einer Reihe von Weltperioden oder „Äonen" entfaltet. Biblische Eschatologie ist für ihn „wesenhaft ein Denken in dem Ablauf, in der Verwirklichung und Vollendung der Äonen" (a.a.O., S. 273). In diesem Rahmen erwartet Künneth u.a. die Parusie des Auferstandenen, die Entrückung der Gläubigen, das Weltgericht und die Neuschöpfung des Kosmos. Die Möglichkeit eines Tausendjährigen Reiches schließt er nicht aus. Der Lutheraner Künneth meint: „Die Kritik von Augustana 17 wendet sich nicht gegen das biblische Zeugnis von Apokalypse 20, sondern gegen seinen Mißbrauch." Zwischen „schwarmgeistigem Chiliasmus und einem eschatologischen Realismus" sei zu unterscheiden (a.a.O., S. 272).

3.2. Zeitgeschichte: Die historisch-präterische Deutung

Die zeitgeschichtliche tritt der end- oder heilsgeschichtlichen Deutung schroff gegenüber. Sie rechnet nicht mit wirklicher Zukunftsprophetie, sondern bezieht die an den prophetischen und apokalyptischen Stellen der Bibel gemachten Aussagen auf die *Gegenwart oder unmittelbare Zukunft der Verfasser*, deren Entwicklung sich von diesen erahnen läßt. Wo das nicht möglich ist, wird die Entstehungszeit der betreffenden biblischen Partien oder Schriften (z.B. Daniel) so spät angesetzt, daß sich die darin vorkommenden Zukunftsaussagen möglichst mühelos als *vaticinia ex eventu* („Weissagungen" aufgrund der schon eingetroffenen Ereignisse) einordnen lassen. Die zeitgeschichtliche Deutung ist eine typische Interpretationsmethode im Gefolge der Aufklärung und des Rationalismus. Sie hat in historisch-kritischen Systemen bestimmenden Einfluß erlangt. Neuerdings wird sie auch von konservativen Autoren (z.B. aus dem Bereich des Rekonstruktionismus) vereinzelt vertreten.

Zum Durchbruch verhalf ihr ein Schüler Schleiermachers, der Neutestamentler, Kirchengeschichtler und Systematiker *Friedrich Lücke* (1791–1855). Lücke selber ging zwar noch davon aus, daß die Johannesapokalypse „im Allgemeinen ein Werk des neutestamentlichen prophetischen Geistes im apostolischen Zeitalter“ ist. Aber diese Prophetie reicht nicht über das erste Jahrhundert hinaus: Der Verfasser der Apk will nur „den näheren, zum Theil schon gegenwärtigen historischen Process in seiner besonderen Zeitperiode darstellen“, aber nicht „den universal-historischen Process bis in die fernste Zukunft weissagen“. Der Zweck der Apokalypse begrenzt sich streng „auf den damahligen Stand der christlichen Zukunftshoffnung in dem Johann. Gemeindekreise“ (F. Lücke, Versuch einer vollständigen Einleitung in die Offenbarung des Johannes oder Allgemeine Untersuchungen über die apokalyptische Literatur überhaupt und die Apokalypse des Johannes insbesondere, Bd. 2, Bonn, 2. Aufl. 1852, S. 367.394.433).

Als Beispiel für den Einfluß der zeitgeschichtlichen Deutung in der heutigen historisch-kritischen Theologie zitiere ich einige auf die Johannesapokalypse bezogene Passagen aus dem Standardwerk von *Werner Georg Kümmel* (Einleitung in das Neue Testament, Heidelberg, 21. Aufl. 1983). Kümmel nennt als wahrscheinlichste Entstehungszeit der Apokalypse die Regierungszeit des römischen Kaisers Domitian (81–96 n. Chr.), die durch Kaiserkult und schwere Bedrängnisse für die Christen gekennzeichnet war, und führt aus:

„Der prophetische Seher, der in der Apk spricht, schreibt ein Trostbuch für die Kirche, die im Begriffe steht, Märtyrerkirche zu werden. Dazu deutet er die Ereignisse der Gegenwart und jüngsten Vergangenheit und weissagt die Entwicklung der Dinge in der kurzen Zeitspanne bis zum Weltende mit der Aufrichtung der Gottesherrschaft. Eine bestimmte Lage urchristlicher Gemeinden, die in kürzester Frist zur blutigen Verfolgung der ganzen Christenheit führen muß, und der siegesgewisse Ausblick über die kommende Leidenszeit hinweg auf die nahe Parusie Christi und der Vernichtung aller widergöttlichen Mächte geben sicheren Anhalt für die Erklärung, die die Apk selbst fordert. Die Apk ist ein Buch ihrer Zeit, aus dieser Zeit und für diese Zeit geschrieben, nicht für ferne Generationen der Zukunft oder gar der Endzeit. Sie ist eine Gelegenheitsschrift so gut wie die Briefe des NT, die darum grundsätzlich zeitgeschichtlich verstanden sein will, womit sich der

Blick für ihre apokalyptische Traditionsbestimmtheit und ihre neue christlich-prophetische Schau zu verbinden hat“ (a.a.O., S. 408).

Wie sich diese zeitgeschichtliche Deutung im einzelnen gestaltet, sei durch folgende Beispiele bei Kümmel demonstriert: „Der Schauplatz ist die Erde, genauer die vom römischen Imperium beherrschte Welt, insbesondere der Ausschnitt aus ihr, in dem Johannes lebt, die Provinz Asia. Die christliche Gemeinde und die heidnische Staatsmacht stehen einander in scharfem Gegensatz gegenüber. Der römische Staat liefert die Farben für das Tier, den erbitterten Feind der Kirche 13,1ff, das heidnische Rom für die Dirne, die auf dem Tier sitzt 17,1ff. Rom schickt sich zum Angriff auf das Christentum an: die Gemeinden Kleinasiens haben unter seinen Angriffen zu leiden 2,3.10; 3,8, in Pergamon ist schon Märtyrerblut geflossen 2,13 ... Aber diese Ereignisse der Vergangenheit und Gegenwart sind nur das leise Vorspiel des kommenden großen Entscheidungskampfes, den die nächste Zukunft bringen wird, die Stunde der Prüfung, die über den ganzen Weltkreis kommen wird 3,10 ... Das Tier mit den 7 Köpfen und 10 Hörnern, das aus dem Meere aufsteigt, dieses apokalyptische Symbol des Imperium Romanum ... ist der Diener des Teufels, der Vollstrecker seines Willens auf der Erde 13,2. Das römische Kaisertum ist die satanische Weltmacht, weil es Kaiseranbetung pflegt und fördert 13,4ff ... mit gutem Grund erblickt man in dem zweiten Tiere, dem falschen Propheten 16,13; 19,20; 20,10, die Kaiserpriesterschaft der Provinz (oder einen einzelnen aus ihrer Mitte) mit ihrer fanatischen Förderung des Kaiserkultes“ (a.a.O., S. 405 f.).

Kümmel schließt eine Zukunftsdeutung nicht aus, beschränkt diese aber auf die nächste, voraussehbare Zukunft. Die apokalyptischen Beschreibungen und Begriffe werden auf die Zeit des römischen Imperiums im *ersten Jahrhundert nach Christus* bezogen oder, wo das nicht möglich ist (z.B. „Tausendjähriges Reich“, „himmlisches Jerusalem“) , als *allgemeine apokalyptische Schemata* (ohne konkrete Erfüllung) aus der Traditionsgeschichte bewertet.

Diese Deutung enthält – so denke ich – nur eine Teilwahrheit. Gewiß ist die Johannesapokalypse wie auch die andere biblisch-apokalyptische Literatur in ihrer jeweiligen Zeit entstanden und zu den Menschen ihrer Zeit gesprochen – aber nicht *nur* zu diesen! Ihr

Horizont reicht weit über die damalige (und heutige) Gegenwart hinaus. Gewiß weist beispielsweise das römische Imperium bestimmte Züge der christusfeindlichen und christenverfolgenden Weltmacht auf. Aber die Erfüllung der prophetischen Voraussagen bezieht sich nicht nur auf das antike Rom. Rom dient vielmehr als Typos oder „Vor-Bild" (im negativen Sinne) für analoge endgeschichtliche Ereignisse in viel größerem Maßstab.

Wer die Johannesoffenbarung nur zeitgeschichtlich liest, muß viele ihrer Aussagen *spiritualisieren* (im übertragenen Sinne deuten) oder die Zeitgeschichte so lange zurechtbiegen, bis sich biblische Aussagen und zeitgeschichtliche Ereignisse zusammenordnen lassen. Das ist aber in vielen Fällen nur gewaltsam möglich (vgl. z.B. die bis heute noch nicht eingetroffenen globalen kosmischen Gerichte in Apk 6.8f.15f. sowie die Schwierigkeit Kümmels, S. 413f., die römischen Kaiser vor Domitian in Apk 17,9–11 unterzubringen). Ich stimme daher der Kritik Adolf Pohls an der zeitgeschichtlichen Deutung zu:

„Hier fehlt der Zugang zur biblischen Prophetie überhaupt. Niemals steckte die biblische Prophetie im Gefängnis einer einzigen Situation, immer lebte sie im Gesamtzusammenhang der Gottesherrschaft. Auch Johannes war nicht durch seine Lage abgesperrt von jeder anderen Situation. Er vermochte nicht deswegen so konkret zu jenen Gemeinden in der Provinz Asien zu sprechen, weil er von allen anderen Gemeinden und Zeiten absah, sondern umgekehrt: Aus dem Gesamtzusammenhang der Gemeinde Jesu Christi zwischen Himmelfahrt und Wiederkunft bringt er Licht auch in jenen Raum und in jene Stunde."

Pohl nennt zwei Beispiele: „Ganz deutlich trug das damalige Rom die Züge von *‚Babel'*. Das bedeutete aber nicht, daß ‚Babel', dieser uralte Verkündigungsbegriff der Bibel, in Rom aufgeht, sondern eben nur, daß Rom antichristliche und endgeschichtliche Züge trug. Darum ist ‚Babel' auch nicht mit Rom untergegangen, und darum predigt die Offenbarung auch heute ungebrochen von ‚Babel'. – Deutlich trug die damalige kaiserliche Priesterschaft Züge des *‚falschen Propheten'* an sich. Dies bedeutet wiederum nicht, daß Johannes nur sie im Auge hatte und daß nur diese Priesterschaft der ‚falsche Prophet' war; vielmehr nur, daß sie es *auch* war. Auch der ‚falsche Prophet' gehört seit Bileam zu den Verkündigungsbegriffen im Volke Gottes."

Und Pohl folgert: „Johannes prophezeite wohl *auch*, aber nicht *nur* über das eine Jahrzehnt, sondern über zwei Jahrzehnte, Jahrhunderte oder Jahrtausende – er wußte die Zeitdauer so wenig wie wir. Er prophezeite eben für die Zeit der Gemeinde, die seit Ostern im entfalteten Ende steht. Und dieser Gemeinde gilt, wie lange sich auch ihre Zeit erstreckt, das prophetische ‚bald'. Das prophetische ‚bald' wandert die ganze Strecke mit, läßt sich je und je zu Vorerfüllungen nieder, erhebt sich wieder, bis es zur Letzterfüllung kommt. Die ausschließlich zeitgeschichtliche Auslegung fällt mit unter das Urteil der historisierenden Auslegungen" (A. Pohl, Die Offenbarung des Johannes, Bd. 1, Wuppertal, 4. Aufl. 1977, S. 51 f.).

3.3. Nicht eingetroffene Geschichte: Die Konsequente Eschatologie

Die sogenannte „konsequente Eschatologie", wie sie insbesondere von Johannes Weiß und Albert Schweitzer am Ende des 19. und Anfang des 20. Jahrhunderts konzipiert wurde, ist – trotz wesentlicher Unterschiede – nicht zu verstehen ohne die Vorarbeit des theologischen Liberalismus, vor allem in Gestalt der Religionsgeschichtlichen Schule und der ethischen Reich-Gottes-Idee Albrecht Ritschls. Wir werfen daher zunächst auf die Religionsgeschichtliche Schule einen kurzen Blick.

Die *Religionsgeschichtliche Schule* erlebte in den Jahren zwischen 1890 und 1920 ihre Hochblüte, bis ihr in Gestalt der Dialektischen Theologie Karl Barths ein mächtiger Gegner erwuchs. Einflußreiche Vertreter waren etwa Otto Pfleiderer, Hermann Gunkel, Wilhelm Bousset, Wilhelm Baldensperger und Ernst Troeltsch. Kennzeichnend war die Einordnung des Alten und Neuen Testaments in die allgemeine Religionsgeschichte, z. B. der „Nachweis" der Verwandtschaft biblischer Texte mit babylonischen, iranischen, ägyptischen, hellenistischen oder gnostischen Quellen. Dabei wollten die einzelnen Autoren – in unterschiedlichem Maß – durchaus am

Spezifikum des Judentums und Christentums festhalten. „Die Absolutheit des Christentums“ – so der Titel einer Hauptschrift von Ernst Troeltsch – war freilich deutlich infrage gestellt. Sie wurde nur noch in einem vorläufigen – und damit relativen! – Sinne im Rahmen einer „Evolution der Religionen“ festgehalten.

Im Blick auf die Eschatologie wurden eine kirchen-, welt- und reichsgeschichtliche ebenso wie eine heils- und endgeschichtliche Deutung, die alle mit wirklicher Zukunftsprophetie rechnen, radikal abgelehnt. *Wilhelm Bousset* (1865–1920) geht in seinem Kommentar „Die Offenbarung Johannis“ (Göttingen 1896) so weit zu behaupten, daß die welt- und kirchengeschichtliche (supranaturalistische) Deutung ihre Anhänger nur noch „unter Auslegern zweiten und dritten Grades, bei englischen Kommentatoren und amerikanischen Traktatenschreibern“ habe (a.a.O., 6. Aufl. 1906, S. 120).

Boussets eigener Ansatz hingegen ist *rationalistisch-immanentistisch* geprägt. Er verbindet die zeitgeschichtliche Deutung mit den religionsgeschichtlichen und hermeneutischen Ansichten seiner Zeit. Sein hermeneutischer Ansatz stellt eine Synthese verschiedener Auslegungsmethoden dar: „Die *traditionsgeschichtliche* und *religionsgeschichtliche* Betrachtungsweise soll nicht an Stelle, sondern neben die *zeitgeschichtliche* und *literarkritische* Methode treten“ (a.a.O., S. 119). Nach Boussets Vorstellung hat der Verfasser der Johannesoffenbarung „ältere apokalyptische Fragmente“ (Literarkritik) und „Überlieferungen“ (Traditionsgeschichte) verarbeitet. Die Lehre vom Tausendjährigen Reich etwa sei aus dem Iran in das Judentum eingedrungen. Der endzeitliche Drachenkampf in Apk 12 stamme aus babylonischer kosmologischer Mythologie, und der Antichrist sei eine Figur aus der babylonischen dualistischen Geheimtradition (a.a.O., S. 437 ff.; vgl. H. Gunkel, Schöpfung und Chaos in Urzeit und Endzeit, Göttingen 1895, S. 235 ff. 336 ff.).

Gerhard Maier faßt die Gemeinsamkeiten und Unterschiede zwischen der klassischen Religionsgeschichtlichen Schule und der Konsequenten Eschatologie in drei Punkten zusammen (Kommentare in Klammern: L. G.): „Die *Religionsgeschichtliche Schule* will eine neue Methode in die Exegese einführen (nämlich die traditionsgeschichtliche Auslegung und den religionsgeschichtlichen Vergleich). Der *Konsequenten Eschatologie* geht es um die konsequente Durchführung dieser Methode (nämlich den Aufweis der religionsgeschichtlichen Bedingtheit urchristlicher Naherwartungen). – Die *Religionsgeschichtliche Schule* versucht das Evangelium Jesu zu schonen (vgl. Hermann Gunkels Behauptung: ‚Nicht das Evangelium Jesu, wie wir es vorwiegend aus den Synoptikern kennen, aber das Urchristentum des Paulus und des Johannes ist eine synkretistische Religion'; zit. nach Maier, a.a.O., S. 531). Die *Konsequente Eschatologie* wirft sich gerade auf das Evangelium Jesu (s.u.). – Die *Religionsgeschichtliche Schule* betrachtet die Eschatologie als eines unter mehreren Gebieten des NT, und dazuhin als ein fremdartiges. Die *Konsequente Eschatologie* sieht in der Eschatologie den Wurzelboden, von dem her Jesus und seine Botschaft zu begreifen sind" (Maier, a.a.O., S. 537).

Dabei ist ein Gespür für den *eschatologischen* Charakter der Botschaft Jesu durchaus bei einzelnen Vertretern der Religionsgeschichtlichen Schule vorhanden. So vertritt *Wilhelm Baldensperger* (1856–1936) in seinem Buch „Das Selbstbewußtsein Jesu im Lichte der messianischen Hoffnungen seiner Zeit" (Straßburg 1888) die Meinung, das Selbstbewußtsein Jesu könne nur von der Betrachtung der messianischen Glaubenswelt des Judentums (z.B. der apokalyptischen Menschensohn-Erwartung bei Daniel und äthiopischem Henoch) her verstanden werden und die Reichspredigt Jesu habe unleugbar eine messianische eschatologische Färbung besessen. Dennoch gelangt Baldensperger noch nicht zu einer „konsequenten Eschatologie", sondern vermischt, wie Albert Schweitzer treffend analysiert, „das eschatologische und das spiritualistische Element". Baldensperger geht nämlich davon aus, daß Jesus „damit anfing, ein geistiges, unsichtbares Reich zu gründen, obgleich er seine Vollendung auf übernatürliche Weise erwartete ... Er nimmt an, daß Jesus, indem er sich den Titel Menschensohn beilegt, nicht nur an die transzendentale Bedeutung denkt, welcher diesem in der jüdischen Apokalyptik zukommt, sondern ihm zugleich eine allgemeine religiös-sittliche Färbung verleiht" (A. Schweitzer, Geschichte der Leben-Jesu-Forschung, Tübingen, 9. Aufl. 1984, S. 253).

Demgegenüber sieht *Albert Schweitzer* (1875–1965) bei dem ebenfalls der Religionsgeschichtlichen Schule zugerechneten, aber in Fragen der Eschatologie weit über sie hinausgehenden Neutestamentler *Johannes Weiß* (1863–1914) die eschatologische Erwartung Jesu konsequent verwirklicht. Bei Weiß zeigt sich zum ersten Mal eine *„konsequente Eschatologie"* – ohne Vermischung mit einer in der Gegenwart sittlich oder philosophisch zu verwirklichenden Reich-Gottes-Idee, wie sie etwa Albrecht Ritschl, der Schwiegervater von Johannes Weiß, konzipiert hatte.

Schweitzer meint zu Weiß' Buch „Die Predigt vom Reiche Gottes" (Göttingen 1892), es habe in seiner Art „dieselbe Bedeutung wie das erste Leben-Jesu von Strauß. Es stellt das dritte große Entweder-Oder in der Leben-Jesu-Forschung. Das erste hatte Strauß gestellt: entweder rein geschichtlich oder übernatürlich; das zweite hatten die Tübinger und Holtzmann durchgekämpft: entweder synoptisch oder johanneisch; nun das dritte: entweder eschatologisch oder uneschatologisch!" (Schweitzer, a.a.O., S. 254).

Worin liegt nun das Neue in Weiß' Konzeption? Er geht davon aus, daß Jesus ein *zukünftiges* Reich erwartete. Es sei eine rein *überweltliche* Größe, die zu dieser Welt in ausschließlichem Gegensatz stehe. Daher könne es nicht mit menschlichen Mitteln aufgerichtet werden, sondern nur durch einen übernatürlichen Eingriff Gottes. Aussagen Jesu über eine Gegenwart des Reiches (z.B. in Lk 17,20 f.) seien „Augenblicke erhabener prophetischer Begeisterung, wo ihn ein Siegesbewußtsein überkommt" (zit. nach W. G. Kümmel, Das Neue Testament. Geschichte der Erforschung seiner Probleme, München, 2. Aufl. 1970, S. 287).

Schweitzer faßt Weiß' Ansatz mit folgenden Worten zusammen: „Alle modernen Ideen, auch in den subtilsten Formen, sind aus ihr (sc. der Reich-Gottes-Idee) zu eliminieren; dann bekommt man ein Reich Gottes, das rein zukünftig ist, entsprechend der Bitte des Herrengebets: dein Reich komme. Als zukünftiges ist es jetzt rein überweltlich. Gegenwärtig ist es nur wie eine Wolke, die ihren Schatten auf die Erde wirft ... Er (Jesus) ‚gründet es (das Reich Gottes) nicht', er verkündigt es bloß. Er übt keine ‚messianische Tätigkeit' aus, sondern er wartet mit den andern, daß Gott es auf übernatürliche Weise heraufführe. Nicht einmal Zeit und Stunde weiß er, wann dies geschehen soll" (Schweitzer, a.a.O., S. 255).

Trotz des letzten Satzes sind sich sowohl Weiß als auch Schweitzer, der im wesentlichen an Weiß anknüpft, sicher, daß Jesus das Kommen des Reiches Gottes sehr *bald* – zu Lebzeiten seiner Jünger – erwartete. Mit dieser Erwartung jedoch habe er sich – *geirrt:* „... die Nähe war ferner, als Jesus damals dachte", kann Schweitzer sagen (a.a.O.). Die *Parusieverzögerung* (Verzögerung der Wiederkunft Jesu Christi) ist zu einem Hauptproblem der Theologie geworden. Weiß zieht daraus folgende Konsequenz: „Wir warten nicht auf ein Reich Gottes, welches vom Himmel auf die Erde herabkommen soll und diese Welt vernichten, sondern wir hoffen, mit der Gemeinde Jesu Christi in die himmlische basileia versammelt zu werden." Für dieses Leben auf Erden bleibt maßgeblich das „Motiv der neuen Sittlichkeit" als „Bedingung für den Eintritt in das Reich Gottes". Hier klingen Ritschlsche Gedanken an, aber der Unterschied liegt in der futurischen Ausrichtung der Sittlichkeit: Sie entsteht nicht als sittliche Vollkommenheit in einem gegenwärtigen (fast pseudomessianischen) Reich wie bei Ritschl, sondern auf der Grundlage der Umkehr in der Ausrichtung auf die erwartete eschatologische Gottesherrschaft (zit. nach Maier, a.a.O., S. 538f.).

Schweitzer zieht folgendes Resümee: „Die eschatologische Einsicht von Johannes Weiß hat die moderne Auffassung zerstört, als ob Jesus das Reich Gottes gründete. Sie schaffte alle ‚Aktivität' auf das Reich Gottes ab, und macht Jesus zum lediglich Abwartenden. Nun kehrt die Aktivität, aber jetzt eschatologisch bedingt, wieder in die Reichspredigt zurück" (Schweitzer, a.a.O., S. 415). „Die ganze Geschichte des ‚Christentums' bis auf den heutigen Tag, die innere, wirkliche Geschichte desselben, beruht auf der ‚Parusieverzögerung': d.h. auf dem Nichteintreffen der Parusie, dem Aufgeben der Eschatologie, der damit verbundenen fortschreitenden und sich auswirkenden Enteschatologisierung der Religion" (a.a.O., S. 417). „Die Tat Jesu besteht darin, daß seine natürliche und tiefe Sittlichkeit von der spätjüdischen Eschatologie Besitz ergreift und so dem Hoffen und Wollen einer ethischen Weltvollendung in dem Vorstellungsmaterial jener Zeit Ausdruck gibt" (a.a.O., S. 624).

Schweitzer vertritt – in Anknüpfung an Weiß – als Konsequenz der „Konsequenten Eschatologie" eine *„ethische Eschatologie"*, beruhend auf der Ethik der Bergpredigt als einer „Interimsethik" und der *„Jesusmystik"* als Erkenntnis gemeinsamen Wollens: „Wir geben der Geschichte ihr Recht und machen uns von seinem (Jesu! L. G.) Vorstellungsmaterial frei. Aber unter den dahinter stehenden Willen beugen wir uns und suchen ihm in unserer Zeit zu dienen, daß er in dem unsrigen zu neuem Leben und Wirken geboren werde und an unserer und der Welt Vollendung arbeite. Darin finden wir das Eins-Sein mit dem unendlichen sittlichen Weltwillen und werden Kinder des Reiches Gottes" (a.a.O., S. 628).

Zur *Beurteilung* der Konsequenten Eschatologie, wie sie von Johannes Weiß und Albert Schweitzer ausgebildet wurde, ist zu sagen: Sie erkennt richtig, daß das Reich Gottes nach neutestamentlicher Aussage nicht ein gegenwärtig-immanentes, vom Menschen zu schaffendes, sondern ein zukünftig-transzendentes, von Gott herbeizuführendes Gebilde ist. Sie erkennt auch, daß die Naherwartung dieses Reiches in etlichen alt- und neutestamentlichen Stellen anklingt (z.B. Jes 13,6; Hes 12,23; Mt 3,2; 4,17; 24,33; Mk 1,15; Lk 10,11; Röm 13,12; Phil 4,5; 1. Thess 5,2; 1. Petr 4,7; Apk 1,3). Aber sie *verabsolutiert* diese Erkenntnisse in einseitiger Weise – und gelangt dadurch zu falschen Ergebnissen.

Nach dem Zeugnis der neutestamentlichen Schriften ist das Reich Gottes zwar eine *zukünftige* Größe, aber es ist doch schon anbruchsweise in den Herzen und in der Gemeinde der Gläubigen *gegenwärtig*. Das bringt etwa Lk 17,20 f. deutlich zum Ausdruck: „Als er (Jesus) von den Pharisäern gefragt wurde: Wann kommt das Reich Gottes? antwortete er ihnen und sprach: Das Reich Gottes kommt nicht so, daß man's beobachten kann; man wird auch nicht sagen: Siehe, hier ist es! oder: Da ist es! Denn siehe, das Reich Gottes ist mitten unter euch" (oder: „in euch" – *„entos hymin"*). Die Gemeinde Jesu lebt in der Spannung zwischen dem „Schon jetzt" und dem „Noch nicht", dem Angebrochensein der Christusherrschaft durch Jesu erstes Kommen und der sichtbaren Vollendung seiner Herrschaft bei seiner Wiederkunft (vgl. Joh

4,23; 5,25; 16,32). Horst-Georg Pöhlmann betont zu Recht: „Das Eschaton ist im Kern die Gemeinschaft mit Christus, die der Christ schon jetzt erfährt und die ihm einst in ungebrochener Weise geschenkt wird“ (Abriß der Dogmatik, Gütersloh, 3. Aufl. 1980, S. 336).

Ferner betont das Neue Testament die Naherwartung nicht in der einseitigen Weise, wie es bei der Interpretation von Weiß und Schweitzer scheint. Grundlegend zum Verständnis der urchristlichen Naherwartung ist etwa der Ausspruch Jesu: „Von dem Tage aber und von der Stunde weiß niemand, auch die Engel im Himmel nicht, auch der Sohn nicht, sondern allein der Vater“ (Mt 24,36). Der *Zeitpunkt*, an dem die Gottesherrschaft sichtbar aufgerichtet wird, ist und bleibt also ein in Gottes Vaterwillen verborgenes *Geheimnis*, selbst für den Sohn in seiner irdischen Existenz, für die Engel und natürlich auch für die neutestamentlichen Verfasser. Von daher verbietet sich jede Berechnung eines Wiederkunftstermins Jesu Christi (ob fern oder nah!) vehement.

Manche Aussagen im Neuen Testament klingen nun freilich tatsächlich so, als würde die Aufrichtung des Reiches Gottes noch in der Generation der ersten Jünger oder bald darauf erwartet (s.o.). Aber es sind allesamt Aussagen der *Hoffnung*, die seither jede Generation bewegt hat, und nirgends wird eine Dogmatik daraus gemacht. Zu behaupten, Jesus und die Apostel hätten sich geirrt, wird daher dem neutestamentlichen Zeugnis nicht gerecht.

Das verwehren vollends die Aussagen Jesu und seiner Jünger, die vor einer *zu frühen* Erwartung des Gottesreiches warnen. Diese andere Linie im Neuen Testament wird von Weiß, Schweitzer und ihren Nachfolgern weitgehend unterschlagen. Nur einige Beispiele dafür seien genannt.

In *Matthäus 24 parr.*, der sogenannten „Endzeitrede“, warnt Jesus vor falschen Christussen und falschen Propheten, die auftreten und behaupten werden, das Reich Gottes sei schon gekommen. Ihnen soll man nicht glauben (VV. 24–27). Im gleichen Kapitel werden viele weitere Zeichen aufgezählt, die sich erst erfüllen müssen, bevor Jesus wiederkommt, und die sich keineswegs alle zeitgeschichtlich auf die Generation der zur Zeit Jesu Lebenden deuten lassen, etwa Kriege, Hungersnöte und Erdbeben: „Das alles aber ist der *Anfang* der Wehen“ (V. 7f.). Das Ende wird erst kommen, wenn die Evangeliumsverkündigung, die Mission aller Stämme, Sprachen und Nationen zu ihrem Ziel gelangt ist (V. 14; vgl. Apk 7,9). Die Aussage Jesu „Dies Geschlecht wird nicht vergehen, bis daß dies alles geschehe“ (Mk 13,30) hingegen bezieht sich wahrscheinlich nur auf die näher liegenden Ereignisse (Zerstörung des Jerusalemer Tempels im Jahre 70 n. Chr. und Zerstreuung der Juden). Nah- und Fernerwartung durchdringen in der Endzeitrede Jesu einander und sind auseinanderzuhalten.

Auch in den Briefen des Neuen Testaments finden sich mehrere Stellen, die der Behauptung einer einlinigen Naherwartung in urchristlicher Zeit klar widersprechen. Am bekanntesten ist folgende Passage in *2. Petr 3,8 f.*, die – geht man von der im Brief selber bezeugten Verfasserschaft durch den Apostel Petrus aus – keineswegs allzu spät datiert werden darf: „Eins aber sei euch nicht verborgen, ihr Lieben, daß ein Tag vor dem Herrn wie tausend Jahre ist und tausend Jahre wie ein Tag. Der Herr verzögert nicht die Verheißung, wie es einige für eine Verzögerung halten; sondern er hat Geduld mit euch und will nicht, daß jemand verloren werde, sondern daß jedermann zur Buße finde. Es wird aber des Herrn Tag kommen wie ein Dieb; dann werden die Himmel zergehen mit großem Krachen; die Elemente aber werden vor Hitze schmelzen, und die Erde und die Werke, die darauf sind, werden ihr Urteil finden.“ – Vgl. auch Act 1,6–8; 2. Thess 2,2ff.; Tit 1,14; 1. Tim 1,3f.; 4,7; 2. Tim 4,4 u.a.

Die einseitige Sicht der biblischen Naherwartung durch die Konsequente Eschatologie hat sich auch auf spätere theologische und eschatologische Systeme ausgewirkt, so etwa auf die in den folgenden Kapiteln beschriebenen transzendental- und existentialpräsentischen Deutungen, die versuchen, aus einer Zeit-Chronologie auszubrechen und damit der Problematik der Parusie-Verzögerung zu entgehen. Daß dies gar nicht nötig ist, habe ich aufzuzeigen versucht. Dennoch hat die Konsequente Eschatologie, die im Grunde eine „konsequente Ausscheidung der Eschatologie (im ursprünglichen biblischen Sinn) aus der Theologie“ (Pöhlmann, a.a.O., S. 313) bedeutet, die nachfolgende theologische Diskussion lange Zeit bestimmt.

Bevor ich zur Darstellung der transzendental-präsentischen Sicht übergehe, ist jedoch noch einiges zur *letzten Konsequenz* zu sagen, zu welcher die Konsequente Eschatologie – zumindest bei einigen Schülern Schweitzers – führt: zum *Ersatz* des im Grunde gar nicht mehr erwarteten Reiches Gottes durch das Werk des Menschen. Schon bei Weiß und Schweitzer ist diese Linie vorgezeichnet: Die Christusmystik tritt an die Stelle einer zukünftigen Reich-Gottes-Erwartung. Die Ethik der „Ehrfurcht vor dem Leben“ wird zu einem Versuch, die vollkommene, friedliche Welt, die ursprünglich mit der Naherwartung des Reiches Christi verbunden war, selber Schritt für Schritt zu schaffen. Die Gefahr eines *proleptischen Messianismus* (utopisches Streben nach einer Vorwegnahme des messianischen Friedensreiches Jesu Christi) klingt hier an. Insofern berührt sich die Konzeption Weiß’ und Schweitzers am Ende doch mehr mit der sittlichen Reich-Gottes-Idee Ritschls, als es die Vertreter der Konsequenten Eschatologie wahrhaben wollen. Kants Idee des sittlichen Reiches und Schopenhauers Willensmystik fließen als philosophische Impulse ein.

Der Schweitzer-Schüler *Fritz Buri* nun hat in seinem Buch „Die Bedeutung der neutestamentlichen Eschatologie in der neueren protestantischen Theologie“ (Zürich/Leipzig 1935) die Gedanken seines Lehrers radikalisiert. Für ihn fällt mit der endgeschichtlichen Naherwartung des Neuen Testaments durch die nicht eingetretene Parusie auch der Glaube an Christus im biblischen Sinn dahin. An seine Stelle tritt die „Ehrfurcht vor dem Schöpfungsgeheimnis als Wirken im Sinne der Ehrfurcht vor dem Leben“. Christus ist für Buri lediglich ein Symbol für die „schöpfungsmäßige Möglichkeit aktueller Sinnverwirklichung mitten in der Sinnlosigkeit der Welt“, und zwar durch „tätiges und leidendes Wirken im Sinne der Ehrfurcht vor dem Leben“. „Frei von den kommenden Illusionen der neutestamentlichen Eschatologie bringt die ... Formel von der besonderen Sinnermöglichung des Daseins durch das Stehen in der Ehrfurcht vor dem Schöpfungsgeheimnis das wichtigste Anliegen der neutestamentlichen Eschatologie voll und ganz zur Entfaltung“ (a.a.O., S. 170 ff.).

Hier ist *Eschatologie zur Ethik reduziert* und der zweite Glaubensartikel („Von Christus“) zugunsten eines verflachten ersten („Von Gott dem Schöpfer“) preisgegeben. Damit aber wird das neutestamentliche Zeugnis gerade verfehlt. Nochmals sei Horst-Georg Pöhlmanns Feststellung zitiert: Fritz Buri „gehört zusammen mit J. Weiß, A. Schweitzer und M. Werner zu der Gruppe der Theologen, die eine konsequente Eschatologie ... verfechten“. Die Konsequente Eschatologie, wie sie bei diesen begegnet, ist aber nichts anderes als eine „konsequente Ausscheidung der Eschatologie aus der Theologie“ (Pöhlmann, a.a.O., S. 313).

3.4. Übergeschichte: Die transzendental-präsentische Deutung

Die transzendental-präsentische Deutung, wie sie vor allem bei dem jungen Karl Barth und Paul Althaus begegnet, ist – wie schon erwähnt – eine Reaktion auf die „tabula rasa“, die von der Konsequenten Eschatologie hinterlassen wurde. Die Meinung, Jesus und seine Jünger hätten sich mit der Naherwartung getäuscht, veranlaßt sie zum Betreten einer ganz anderen, zeitüberschreitenden, transzendenten Dimension. Sie tritt gewissermaßen die „Flucht“ aus der Zeit in die Ewigkeit, aus der Geschichte in die Übergeschichte, aus der Chronologie in die Axiologie an.

Die klassische Stelle der transzendental-präsentischen Deutung bei *Karl Barth* (1886–1968) findet sich in der zweiten Auflage seines bahnbrechenden Werkes *„Der Römerbrief“ von 1921*, und zwar in der Auslegung von Röm 13,11 („Und das tut, weil ihr die Zeit erkennt, nämlich daß die Stunde da ist, aufzustehen vom Schlaf, denn unser Heil ist jetzt näher als zu der Zeit, da wir gläubig wurden“). Ich zitiere nachfolgend aus der unveränderten dritten Auflage von 1922. Barth schreibt:

„Was darüber ist, das ist nicht Zeit, sondern Ewigkeit. Nein, an der Grenze aller Zeit, vor der überhängenden Wand Gottes, die die *Aufhebung* aller Zeit und alles Zeitinhalts bedeutet, steht der Mensch der ‚letzten‘ Stunde, der Mensch, der die Parusie Jesu Christi erwartet. Er steht vor *dem* Tag und *den* Stunden, die niemand weiß, auch nicht die Engel im Himmel, auch nicht der Sohn, *nur der Vater!* (Mc. 12,32). Gellen denn gar niemandem die Ohren? Will das unnütze Gerede von der ‚ausgebliebenen' Parusie denn gar nicht aufhören? Wie soll denn ‚ausbleiben', was seinem Begriff nach überhaupt nicht ‚eintreten' kann? Denn kein zeitliches Ereignis, kein fabelhafter ‚Weltuntergang', ganz und gar ohne Beziehung zu etwaigen geschichtlichen, tellurischen oder kosmischen Katastrophen ist das im Neuen Testament verkündigte Ende, sondern wirklich das *Ende*, so sehr das Ende, daß die neunzehnhundert Jahre nicht nur wenig sondern *nichts* zu bedeuten haben, was seine Nähe oder Ferne betrifft, so sehr das Ende, daß schon Abraham diesen Tag sah und sich freute. Wer heißt uns, diese ewige Wahrheit, weil von ihr *nur* im Gleichnis geredet werden kann, abzuschwächen zu einer zeitlichen Wirklichkeit?"

Und weiter: „Wer heißt uns die Erwartung des Endes, *jenes* Augenblicks, in dem die Lebenden verwandelt und die Toten auferstanden *miteinander* vor Gott stehen (I Cor 15,51–52), zur Erwartung eines groben, brutalen, theatralischen Spektakels zu machen und, wenn dieses mit Recht ‚ausbleibt', uns getrost wieder schlafen zu legen, ein harmloses ‚eschatologisches' Kapitelchen am Ende der Dogmatik unsre einzige Erinnerung daran, daß wir uns eigentlich – erinnern sollten und wollten! Nicht die Parusie ‚verzögert' sich, wohl aber unser Erwachen. *Erwachten* wir, *erinnerten* wir uns, *vollzögen* wir den Schritt von der unqualifizierten in die qualifizierte Zeit, *erschräken* wir vor der Tatsache, daß wir, ob wir wollen oder nicht, an der Grenze aller Zeit, in jedem zeitlichen Augenblick tatsächlich stehen, *wagten* wir es, an dieser Grenze stehend, den Ungekannten zu lieben, im Ende den Anfang zu erkennen und zu ergreifen, wir würden wahrlich weder mit den Aufgeregten auf irgend ein glänzendes oder schreckliches Finale warten, noch uns mit der geradezu frivolen ‚Frömmigkeit' der unentwegten Kulturprotestanten des Ausbleibens dieses Finales getrösten" (K. Barth, Der Römerbrief 1922, Zürich, 13. Aufl. 1984, S. 484 f.).

Für den jungen Barth ist das Christentum identisch mit Eschatologie im eben zitierten Sinne: „Christentum, das nicht ganz und gar und restlos Eschatologie ist, hat mit Christus ganz und gar und restlos nichts zu tun“ (a.a.O., S. 298). Fragt man nach den Wurzeln dieser Deutung von „Eschatologie“, so gelangt man zur *platonischen* Vorstellung von der Überwelt der Ideen, zu Immanuel *Kants* transzendental-ethischer und ungeschichtlicher „Eschatologie“ sowie zu Sören *Kierkegaards* Postulat des unendlichen qualitativen Unterschieds von Zeit und Ewigkeit, von Mensch und Gott.

Diese Wurzeln hat Barth im Vorwort zur zweiten Auflage des Römerbriefs selber genannt. So weist er darauf hin, daß er seinem Bruder Heinrich Barth eine „bessere Belehrung über die eigentliche Orientierung der Gedanken Platos und Kants“ zu verdanken hat (a.a.O., S. VII). Größer noch ist aber der Einfluß Kierkegaards auf ihn: „Wenn ich ein ‚System‘ habe, so besteht es darin, daß ich das, was Kierkegaard den ‚unendlichen qualitativen Unterschied‘ von Zeit und Ewigkeit genannt hat, in seiner negativen und positiven Bedeutung möglichst beharrlich im Auge behalte. ‚Gott ist im Himmel und du bist auf Erden‘.“ Dabei gesteht er zu: „Der Verdacht, hier werde mehr ein- als ausgelegt, ist ja wirklich das Naheliegendste, was man über meinen ganzen Versuch sagen kann“ (a.a.O., S. XIII).

Der Vorwurf, der sich an eine solche Flucht in die Ewigkeit bzw. den „ewigen Augenblick“ richtet, ist der einer *Zeitlosigkeitsmetaphysik* und ungeschichtlichen Schwärmerei. Dieser Vorwurf wurde schon früh – etwa von Seiten Adolf Jülichers, Philipp Bachmanns und Adolf Schlatters – gegenüber Barth laut. Barth selber weist darauf hin, indem er im Vorwort zur fünften Auflage fragt: „Habe ich dazu die ‚Zeit‘ und die ‚Geschichte‘ so gering geachtet, wie man es mir wenigstens vorgeworfen hat, daß ich gekränkt sein dürfe, wenn man mir nun ankündigt, daß auch mein Tag einen Abend haben und einmal ein gestern gewesener Tag sein werde?“ (a.a.O., S. XXVIII).

Bemerkenswerterweise hat sich Barth später von seiner früheren radikalen Position teilweise entfernt. So hält er in seiner *„Kirchlichen Dogmatik“* zwar am absoluten qualitativen Unterschied zwischen Gott und Mensch, Ewigem und Zeitlichem fest, nähert sich aber mehr und mehr dem Gedanken des *Inkarnatorischen* und *Historischen:* Gott geht in die Welt – und damit auch in die Geschichte – ein.

Im 1940 veröffentlichten Band II/1 der „Kirchlichen Dogmatik" (KD) bezeichnet er seine frühere überzeitliche Auffassung als *Mißverständnis*. Sie gehe an dem Besonderen der Stelle Röm 13,11 vorbei, nämlich „an der Teleologie, die sie der Zeit zuschreibt, an ihrem Ablauf zu einem wirklichen Ende hin ... Ausgerechnet das einseitig überzeitliche Verständnis Gottes, das zu bekämpfen ich ausgezogen bin, blieb als allein greifbares Ereignis auf dem Plan" (S. 716). In Anknüpfung an die im reformatorischen Bereich verbreitete *Bundestheologie* etwa eines Coccejus kann er in KD III/3 in durchaus positiver Weise von „Bundes- und Heilsgeschichte" sprechen. Und in KD IV/3 führt er aus: „Indem die in Jesus Christus geschehene Heilsgeschichte als solche mitteilt und also auch Offenbarungsgeschichte ist, schafft sie, sich selbst reproduzierend, hinübergreifend in die Geschichte der Welt und der Menschen, in Gestalt der christlichen Erkenntnis wiederum Heilsgeschichte" (S. 242).

Eine ähnliche Wendung von einer überwiegend transzendentalen und wertbestimmten (axiologischen) zu einer mehr und mehr geschichtlichen Deutung hat *Paul Althaus* (1888–1966) vollzogen. Eine *transzendental-axiologische* Eschatologie vertritt der junge Althaus in der ersten Auflage seines Werkes *„Die letzten Dinge"* (Gütersloh 1922). Die dort vorgetragene Sicht hat er in späteren Auflagen mehrmals revidiert. Im folgenden fasse ich zunächst seine Position von *1922* zusammen.

Althaus unterscheidet zwischen einer teleologisch-zielgerichteten (geschichtlichen) und einer axiologisch-wertbestimmten (übergeschichtlichen) Eschatologie. Er gibt, ohne die erste völlig auszuschließen, der letzteren den Vorrang. Er spricht von einer Zeitlinie *(Teleologie)* und zugleich von einer überzeitlichen und jedem Augenblick gleich gegenwärtigen Transzendenz als qualitativer Größe *(Axiologie)*: „Alle Senkrechten, die wir auf der Zeitlinie errichten, ... treffen sich im Überzeitlichen in einem Punkt. Was sich uns in ein Nacheinander menschlicher Tode, des Endes von Geschlechtern, Völkern, Zeiträumen zerlegt, das ist, von dort aus gesehen, der gleiche Akt und das eine ‚gleichzeitige' Erlebnis der Aufhebung der Geschichte, des Eintritts der Geschichte in die Ewigkeit" (a.a.O., S. 98).

Von dieser Konzeption her lehnt Althaus eine Einteilung der Geschichte in Perioden und die Erwartung eines Endzustandes mit Gericht und Parusie Christi ab. Gericht und Parusie Christi betrachtet er als *überzeitliche* Dinge, die jedem Geschlecht gleich nahe sind. Die Ewigkeit ist „das Jenseits der Zeitlichkeit", das Reich Gottes „die allgegenwärtige Verfassung der Gewissen", der Antichrist ein „Gedanke", der die „stets gegenwärtige Polarität" des Menschen ausdrückt. Inmitten dieser fast existentialistisch anmutenden Auffassungen betont er: „... wie jede Zeit dem Urstande und Sündenfall gleich nahe ist, so ist auch jede gleich unmittelbar zur Vollendung. Jede Zeit ist in diesem Sinn letzte Zeit" (a.a.O., S. 84 ff.).

Die Kritik an Althaus berührt sich stark mit der Kritik an Barth: Bei beiden ist eine *Zeitlosigkeitsmetaphysik* zu bemängeln. Auch wenn diese bei Althaus nicht so extrem einseitig wie bei Barth auftritt, so besitzt sie doch das Übergewicht über eine nur noch schwach zu erahnende Zeitlinie. Althaus ist in weiten Teilen seiner Eschatologie einer Religionsphilosophie, einem *platonischen Idealismus* verfallen, kombiniert mit der *Wertphilosophie Wilhelm Windelbands* und diversen biblischen Aussagen. Die Heils- und Endgeschichte im biblischen Sinn (bzw. Literalsinn) geht ihm dabei verloren. Die Zukunftsrelation der Eschatologie wird zu sehr durch die Aktualität verdrängt. Autoren wie Friedrich Traub, Carl Stange, Philipp Bachmann, Otto Michel, H. W. Schmidt, Folke Holmström und Walter Künneth haben sich schon früh mit Althaus auseinandergesetzt.

Es spricht für Althaus, daß er die Voten seiner Kritiker gehört und seine Position von 1922 teilweise revidiert hat. Dieser *Revisionsprozeß* begann bereits in den zwanziger Jahren. Als Beispiel für die Position des späten Althaus betrachten wir die fünfte Auflage seines Werks „Die letzten Dinge" aus dem Jahre 1949 sowie seinen 1958 veröffentlichten Artikel über „Eschatologie" in dem theologischen Lexikon „Die Religion in Geschichte und Gegenwart" (RGG), 3. Auflage.

1949 kann Althaus schreiben: „Die ‚echte Zukunft' ist auf alle Fälle *zeitliche* Zukunft ... Die Eschatologie hat es mit der wirklich in der Zeit an uns herankommenden Zukunft zu tun" (S. 4f.). Die

Anknüpfung an Windelbands Wertphilosophie gibt er auf und behandelt diese nur noch als Anhang unter der kritischen Überschrift „Die Säkularisierung der Eschatologie in der Philosophie". Der späte Althaus betont: „... die Wertphilosophie bedeutet eine Säkularisierung der Gotteserkenntnis. Aber die im Glauben erfahrene Wirklichkeit Gottes läßt sich keinesfalls dem Begriffe der Wert- oder Normerfahrung einordnen; dabei kommt Gottes Lebendigkeit, Gott als Person nicht zur Geltung. Ich habe daher auch bei der Begründung der Eschatologie den Einsatz mit der Philosophie aufgegeben und bringe die philosophische Eschatologie gesondert zur Darstellung. Insofern erkenne ich auch *C. Stanges* Kritik an den früheren Auflagen dieses Buches als berechtigt an (Das Ende aller Dinge, 1930, S. 4ff.). Ich habe die christliche Eschatologie ‚mit idealistischen Gedanken' zwar nicht – wie Stange meint – ‚vermengt', wohl aber beide allzu friedlich nebeneinandergestellt ... Mit der Preisgabe der früheren Begriffe ‚axiologisch' und ‚teleologisch' erledigt sich ein Teil der an meiner ‚axiologischen Eschatologie' geübten Kritik" (a.a.O., S. 18).

Nach dieser bemerkenswert ehrlichen Selbstkritik entwickelt Althaus seinen neuen Ansatz, in dem er das seiner Meinung nach Berechtigte aus den früheren Auflagen festhalten möchte. Er versucht dies in einer *Synthese* von Gegenwart und Zukunft, Perfektum praesens und Futurum, „Schon jetzt" und „Noch nicht", Glauben und Hoffen, der bleibenden Gemeinschaft mit Gott und der kommenden Überwindung des Todes. Er führt aus:

„Gottes Heils-Gegenwart in Christus ist endgültig und doch zugleich vorläufig. ‚Jetzt' ist das Entscheidende geschehen und damit ein unüberbietbares, bleibendes, ewiges ‚Jetzt', ‚Heute' begründet. Und doch ist das Entscheidende zugleich ‚noch nicht' geschehen, sondern muß von einem kommenden, ‚letzten Tage' erwartet werden ... Die Herrschaft Gottes und das Heil sind in Christus Perfektum praesens und doch zugleich erst Futurum ... Das Letzte ist gegenwärtig und das Letzte kommt erst. Die Zukunft ist nichts anderes als das Bleiben des ‚Heute' des Heils – und doch wieder wirkliche Zukunft, die unser menschliches Heute ablöst, denn das Heil kommt erst" (a.a.O., S. 28 f.).

Im RGG-Artikel von *1958* grenzt er sich gegen die existentialpräsentische Eschatologie Rudolf Bultmanns (s.u.) ab, obwohl sein eigenes Buch von 1922 große Affinität zu solchem Denken bewies. Nun aber betont er, die Existential-Theologie führe dazu, „das wirkliche endliche Kommen des Letzten theologisch außer acht zu lassen und als Mythologie zu behandeln – eine offenkundige Verkürzung der christlichen Wahrheit“ (RGG Bd. II, Tübingen 1958, Sp. 680). Hingegen spreche die Eschatologie „von dem bleibenden Gegenwärtigen und von dem kommenden Zukünftigen. Daher ist die Alternative: präsentische oder futurische E(schatologie)? wie für das NT so auch für die Dogmatik falsch“ (a.a.O., Sp. 682).

Trotz dieser Öffnung für die geschichtliche Sicht kann sich Althaus doch nicht zu einem endzeitlichen „Heilsfahrplan“ durchringen, wie er seines Erachtens von einem vorkritischen „Biblizismus“ vertreten wird. Althaus erwartet zwar die *Vollendung der Geschichte*, aber *keine Endgeschichte* im biblisch-literalen Sinn. Elemente wie das Zuendeführen der Weltmission, das Kommen des Antichristen, die Bekehrung Israels und das Tausendjährige Reich halten seines Erachtens „kritischer Prüfung“ nicht stand. „Die ungeprüfte Übernahme a(lttestamen)t(licher) und jüdisch-apokalyptischer Gedanken hat im sog. *Chiliasmus*, der Erwartung eines endgeschichtlichen Zwischenreiches, zur Judaisierung der E(schatologie) geführt.“ Eschatologie aber „kann und darf nicht zur Apokalyptik werden, d.h. zu einer Lehre von der Endgeschichte, ihren Stadien und Ereignissen. Sie muß sich darauf begrenzen, vom Ende und Ziel zu handeln“ (a.a.O., Sp. 682.686 f.).

Auch wenn somit beim späten Althaus der philosophische Ansatz stark in den Hintergrund getreten ist, so ist er doch nicht ganz überwunden. Denn an die Stelle der nicht wörtlich genommenen Aussagen über Weltmission, Antichrist, Israel u.ä. treten allgemeine *Theologoumena* ohne konkrete geschichtliche Relevanz. Wo es um konkrete endgeschichtliche Ereignisse geht, werden diese von Althaus nach wie vor in die Ewigkeitsdimension aufgehoben, etwa wenn er schreibt: „Das Reich kommt nicht durch den Gang der Geschichte, sondern als Ende der Geschichte ... Das Sehen des Menschensohnes ist als solches kein endgeschichtliches, sondern das geschichtsendende Ereignis“ (Die letzten Dinge, 1949, S. 250 f.).

Viel stärker philosophisch als Althaus argumentiert *Paul Tillich* (1886–1965). In Band III seiner „Systematischen Theologie“ hat er sein Verständnis der Eschatologie entfaltet. Es läßt sich als *transzendental*, aber zugleich auch als *existential-präsentisch* bezeichnen und steht somit als eigenständiger Entwurf im Übergang zwischen Barth, Althaus und Bultmann.

Für Tillich existieren nicht einzelne Eschata als Ereignisse auf einer zeitlichen, heilsgeschichtlichen Linie, sondern nur *„das Eschaton“* als Ausdruck für die Tatsache, „daß wir in jedem Augenblick vor dem Angesicht des Ewigen stehen“, als „Übergang vom Zeitlichen zum Ewigen“. Zentral ist für Tillich das *Symbol „Reich Gottes“*, das „einen innergeschichtlichen und einen übergeschichtlichen Aspekt hat“. „Soweit es innergeschichtlich ist, nimmt es an der Dynamik der Geschichte teil; soweit es übergeschichtlich ist, enthält es die Antwort auf die Fragen, die mit der Zweideutigkeit der geschichtlichen Dynamik gegeben sind. In der ersten Eigenschaft manifestiert es sich in der ‚Gegenwart des göttlichen Geistes‘, in der zweiten Eigenschaft ist es identisch mit dem ‚Ewigen Leben‘“ (Systematische Theologie Bd. III, Stuttgart 1966, S. 407. 447).

Das *„Ewige Leben“* ist das Ende der Zeit im Sinne des Ziels der Geschichte. Das Eschaton meint keine ferne oder nahe Katastrophe in Raum und Zeit, sondern das Stehen des Menschen vor dem Ewigen in jedem Augenblick. Am Ende der Geschichte erfolgt die Erhebung der positiven Inhalte der Zeit in die Ewigkeit und die Vernichtung der negativen Teile. Das *„Jüngste Gericht“* ist ein immerwährender Prozeß, indem das Positive zu seiner Essentifikation (Leben im neuen, wirklichen Sein) gelangt, während das Negative auf sein Nicht-Sein geworfen wird: „... hier und jetzt, in dem dauernden Übergang vom Zeitlichen zum Ewigen wird das Negative vernichtet mit seinem Anspruch, ein Positives zu sein“ (a.a.O., S. 451). Da die Essentifikation durch das „Jüngste Gericht“ gegenwärtig und fortlaufend erfolgt und universal ist, gibt es laut Tillich keine ewige Verdammnis. Der Weg seiner – deutlich von Schelling und Hegel beeinflußten – Theologie führt „von der

Essenz über die existentielle Entfremdung zur Essentifikation", „vom bloß Potentiellen über die aktuelle Trennung zur Wiedervereinigung und Erfüllung, die die Trennung von Potentialität und Aktualität transzendiert" (a.a.O., S. 475).

Hier hat die Philosophie vollends über die biblische Heilsgeschichte gesiegt. Die biblischen Begriffe und endgeschichtlichen Ereignisse werden nur noch als *Symbolträger* benutzt, die eine tiefere Wahrheit verbergen sollen. Im Unterschied zum späteren Barth und Althaus ist Tillich zu keiner wirklich geschichtlichen Schau durchgedrungen, sondern in der philosophischen Spekulation stekken geblieben. Zeitkategorien sind in Wertkategorien oder ungeschichtliche Theologoumena umgeschlagen.

Die biblische Botschaft ist aber durch und durch *geschichtlich!* Gerhard Maier nennt einige Beispiele für die Zukunftserwartung im Neuen Testament: „Die Gleichnisse Jesu, in denen J. Jeremias seine ‚ipsissima vox' (eigentlichste Stimme) entdecken wollte, enthalten überwiegend einen Bezug zur Zukunft. Das gilt z.B. in hervorragender Weise von den Saat- und Parusiegleichnissen. Das Herrngebet ... enthält nicht nur als zweite Bitte diejenige um das Kommen des Reiches, sondern ist insgesamt eschatologisch strukturiert. Jesu Gang ans Kreuz ist unverständlich, wenn er nicht die Gründung des verheißenen Neuen Bundes und den Sühnetod, der uns im Gericht bewahrt, zum Ziele hat. Bei den Aposteln beobachten wir dieselbe Orientierung zur Zukunft, die zugleich eine Orientierung nach vorne und nach oben, axiologisch und teleologisch zugleich, ist. ... Der 1. Korintherbrief wäre kraftlos ohne das fünfzehnte, das Auferstehungskapitel. Beim täglichen (Apg 2,46) oder wenigstens sonntäglichen (Apg 20,7) Abendmahl verkündigte man des ‚Herrn Tod, bis daß er kommt' (1 Kor 11,26). Einer der wenigen Gebetsfetzen in aramäischer Sprasche bittet um das Kommen des Herrn (1 Kor 16,22; Offb 22,20). Nicht einmal der Judasbrief verzichtet auf den Ausblick in die Zukunft (V. 14 f. 22. 24)" (G. Maier, Die biblische Zukunftserwartung, in: ders. (Hg.), Zukunftserwartung in biblischer Sicht. Beiträge zur Eschatologie, Wuppertal 1984, S. 54).

Die Tatsache dieser biblischen Zukunftserwartung spielt auch eine wesentliche Rolle für die Beurteilung der existential-präsentischen Deutung, mit der wir uns nun beschäftigen werden.

3.5. Geschichte als Gegenwart: Die existential-präsentische Deutung

Die existential-präsentische Deutung, wie sie von dem Neutestamentler *Rudolf Bultmann* (1884–1976) und zum Teil von seinen Schülern vertreten wird, ist sehr stark philosophisch geprägt. Insbesondere die Existenzphilosophie Martin Heideggers hat hier Pate gestanden. Bultmann ist in seiner Ablehnung einer heils- oder endgeschichtlichen Deutung biblischer Aussagen am radikalsten. Das, was er als „Eschatologie" bezeichnet, ist eine rein präsentische und immanente – nämlich in der Existenz des Menschen verankerte – Gegebenheit. Mit dieser zwar präsentischen, aber nicht-transzendentalen Deutung der Eschatologie unterscheidet er sich auch deutlich vom jungen Barth und Althaus.

Allerdings knüpft er ähnlich wie Barth und Althaus an die *Destruktion der biblischen Naherwartung* durch die „Konsequente Eschatologie" an. So sagt er in seinem programmatischen, 1941 in Alpirsbach gehaltenen Vortrag „Neues Testament und Mythologie": „Die mythische Eschatologie ist im Grunde durch die einfache Tatsache erledigt, daß Christi Parusie nicht, wie das Neue Testament erwartet, alsbald stattgefunden hat, sondern daß die Weltgeschichte weiterlief und – wie jeder Zurechnungsfähige (sic!) überzeugt ist – weiterlaufen wird" (in: Kerygma und Mythos, Bd. 1, hg. v. H. W. Bartsch, Hamburg 1948, S. 18f.). Unter „mythischer Eschatologie" versteht er die Eschatologie im üblichen, chronologischen Sinn mit Wiederkunft Jesu Christi, Weltende, Jüngstem Gericht usw.

Aber nicht nur diese ist für ihn erledigt, sondern der Glaube an übernatürliche *Wunder und Offenbarungen* überhaupt. Das hat nach Bultmanns Ansicht die „moderne Naturwissenschaft" sowie die Erforschung des Selbstverständnisses des Menschen ergeben: „Kein erwachsener Mensch stellt sich Gott als ein oben im Himmel vorhandenes Wesen vor; ja, den ‚Himmel' im alten Sinne gibt es für uns gar nicht mehr. Und ebensowenig gibt es die Hölle, die mythische Unterwelt unterhalb des Bodens, auf dem unsere Füße stehen. Erledigt sind damit die Geschichten von der Himmel- und Höllenfahrt Jesu Christi; erledigt ist die Erwartung des mit den Wolken des Himmels kommenden ‚Menschensohnes' und das Entrafftwerden der Gläubigen in die Luft, ihm entgegen (1. Thess 4,15 ff.) ... Man kann nicht elektrisches Licht und Radioapparat benutzen, in Krankheitsfällen moderne medizinische und klinische Mittel in Anspruch nehmen und gleichzeitig an die Geister- und Wunderwelt des Neuen Testaments glauben" (a.a.O., S. 18).

Wie sieht nun aber für Bultmann „Eschatologie" aus? Sie ereignet sich in der eschatologischen Existenz des Menschen, einer qualitativ neuen Art zu leben. Insofern könnte man Bultmanns Ansatz als *„existentialistische Eschatologie"* kennzeichnen. Er führt aus: „Das Sichtbare, Verfügbare ist vergänglich, und deshalb ist, wer von ihm her lebt, der Vergänglichkeit, dem Tode verfallen. Wer aus dem Verfügbaren lebt, der begibt sich in Abhängigkeit von ihm ... Demgegenüber wäre ein echtes Leben des Menschen dasjenige, das aus dem Unsichtbaren, Unverfügbaren lebt, das also alle selbstgeschaffene Sicherheit preisgibt. Das eben ist das Leben ‚nach dem Geist', das Leben im ‚Glauben'... Und eben das heißt *‚Glaube'*: sich frei der Zukunft öffnen ... die radikale Hingabe an Gott, die alles von Gott, nichts von sich erwartet, die damit gegebene *Gelöstheit von allem weltlich Verfügbaren,* also die Haltung der Entweltlichung, der *Freiheit*. So existieren aber heißt: *eschatologisch existieren*, ein ‚neues Geschöpf' sein (2. Kor 5,17). Die *apokalyptische und die gnostische Eschatologie* ist insofern *entmythologisiert*, als die Heilszeit für den Glaubenden schon angebrochen, das Zukunftsleben schon Gegenwart geworden ist" (a.a.O., S. 30f.).

Der Glaubende erwartet also nach der Vorstellung Bultmanns nicht die Wiederkunft Jesu Christi mit allen damit verbundenen Ereignissen, sondern Gericht, Parusie, ewige Seligkeit usw. ereignen sich *hier und jetzt*: „Das Weltgericht ist nicht ein bevorstehendes kosmisches Ereignis, sondern ist die Tatsache, daß Jesus in die Welt gekommen ist und zum Glauben gerufen hat (Joh 3,19; 9,39;

12,31). Wer glaubt, der hat schon das Leben, der ist vom Tode zum Leben hinübergeschritten (5,24 f. usw.). Äußerlich ist für den Glaubenden nichts anders geworden, aber sein Weltverhältnis ist ein anderes: die Welt kann ihm nichts mehr anhaben; der Glaube ist der Sieg über die Welt (1. Joh 5,4)" (a.a.O., S. 31f.).

Wie aus dem letzten Zitat hervorgeht, stützt sich Bultmann mit dieser Ansicht exegetisch vor allem auf Stellen in den *johanneischen Schriften* im Neuen Testament, deren Verfasser seines Erachtens „die apokalyptische Eschatologie überhaupt eliminiert" (a.a.O., S. 31). In Wirklichkeit allerdings – so ist kritisch anzumerken – eliminiert nicht der Verfasser der johanneischen Schriften die apokalyptische Eschatologie, sondern Bultmann. Dieser nämlich erklärt die Passagen, die von einer apokalyptischen Totenauferstehung, von einem zukünftigen Gericht, vom Weltuntergang usw. handeln und die es in der johanneischen Literatur (wie in der Bibel insgesamt) neben den mehr präsentischen Stellen ebenfalls gibt (z.B. Joh 5,28 f.; 6,54; 12,48; 1. Joh 4,17; Mt 24,3 ff. parr.; 1. Kor 15,52), einfach als *redaktionelle Zusätze.* So meint er etwa in seiner Auslegung von Joh 5,28 f.:

„Auf alle Fälle aber sind VV. 28 f. der Zusatz eines Red(aktors), der den Ausgleich der gefährlichen Aussagen V. 24 f. mit der traditionellen Eschatologie herstellen will. Die Quelle wie der Ev(an)g(e)list sehen ja das eschatologische Geschehen im gegenwärtigen Erklingen des Wortes Jesu. Die damit radikal beseitigte populäre Eschatologie aber wird gerade in V. 28 f. wieder aufgerichtet" (Das Evangelium des Johannes, Göttingen 1941, S. 196).

Hier ist offensichtlich der Wunsch der Vater des Gedankens – oder mit anderen Worten: Eine vorgefaßte theologische oder philosophische Meinung befindet über die „Echtheit" oder „Unechtheit" biblischer Aussagen. Daß aber präsentische und futurische Eschatologie (z.B. in Gestalt von Joh 5,24 f. und 5,28 f.) durchaus keine Gegensätze bilden müssen, sondern sich gegenseitig ergänzen können, deutet Bultmann selber an – allerdings nur, um diese Deutung dann abzulehnen: „Die Korrektur des Red(aktors) besteht in dem einfachen Zusatz, sodaß schwer zu sagen ist, wie er sich den Ausgleich mit V. 24 f. gedacht hat; etwa so, daß die in Jesu gegenwärtigem Wirken sich vollziehende *krisis* (Scheidung) eine Antizipation (Vorwegnahme) des Endgerichtes ist, sodaß also die Totenauferstehung am Ende ‚sein Wort vor allen Menschen bewahrheiten wird'" (a.a.O., S. 196f.).

Bultmanns existential-präsentische Deutung wurde vielfach *kritisiert* – nicht nur von seinen Gegnern, von denen hier stellvertretend Oscar Cullmann und Walter Künneth genannt seien, sondern auch von Schülern. So betonte etwa *Ernst Käsemann* ganz neu die *futurische* Dimension der Eschatologie, die damit rechnet, daß die Vollendung noch aussteht: „Präsentische Eschatologie allein und nicht von der futurischen umfangen, – das wäre nichts anderes als die Hybris des Fleisches, wie sie der Enthusiasmus zu genugsam zu allen Zeiten bezeugt" (E. Käsemann, Exegetische Versuche und Besinnungen, Bd. 2, 1964, S. 130).

Auch der spätere *Barth* und *Althaus* haben Bultmanns ungeschichtliche und rein präsentische Auffassung infrage gestellt. So ist es für *Althaus* „ein allzu einfacher Ausweg, wenn R. Bultmann die johanneischen Stellen, ‚die offenbar eschatologisch im Sinne der alten dramatischen Eschatologie gemeint sind', einem kirchlichen Bearbeiter zuweist: 6,54; 12,48. Auch Johannes wartet auf den ‚letzten Tag'. Das ist vollends deutlich im ersten Brief: die Parusie kommt (2,28), der ‚Tag des Gerichts' steht bevor (4,17) ..." (Die letzten Dinge, Gütersloh, 5. Aufl. 1949, S. 57 f.). Und Althaus betont: „Die ‚echte Zukunft' ist auf alle Fälle zeitliche Zukunft" (a.a.O., S. 4).

Walter Künneths Urteil, das er im Zusammenhang mit der Diskussion über die Auferstehung trifft, gilt – aus der Vergangenheit in die Zukunft gewendet – auch für Bultmanns Eschatologie: „Das aktuelle Ereignis des ‚mit Christus Sterben' und ‚mit Christus Auferstehen' fällt als Wirklichkeit in sich zusammen und wird zu einer bloßen Idee eines Lebensvorganges verdünnt, wenn nicht das ‚gewesene' und damit ‚ein für allemal' gesetzte Faktum der Auferstehung Jesu feststeht ... Die fortschreitende Loslösung der Offenbarung von ihrer Geschichtsgebundenheit ... führt zum Sieg einer neuen geschichtsfernen Gnosis. So trägt die Bultmannsche Theologie das Gepräge eines ‚gnostischen Mythus', welchem die Wirklichkeit des geschichtsgebundenen Perfektums der Auferstehung Jesu (bzw. des geschichtlichen Futurums der Wiederkunft Jesu; L.

G.) gegenübertritt" (Theologie der Auferstehung, Gießen, 6. Aufl. 1982, S. 46).

3.6. Geschichte als Tat: Die Politische Eschatologie

In gewissem Sinne als Reaktion auf die Geschichtsferne und Verinnerlichung der existentialen Deutung kann die politische Eschatologie verstanden werden, wie sie vor allem seit den 60er Jahren des 20. Jahrhunderts von den Anhängern einer „Theologie der Hoffnung", einer „Theologie der Befreiung" und verschiedenen anderen Genitiv-Theologien vertreten wird. Hier wird ganz neu der *gesellschaftliche* und auch *futurische* Aspekt der Eschatologie betont. Als grundlegendes Modell, welches manche anderen „Politischen Theologien" beeinflußt hat, betrachten wir in diesem Kapitel *Jürgen Moltmanns „Theologie der Hoffnung"*. Moltmann selber weist im 1977 verfaßten Vorwort seines erstmals 1964 veröffentlichten gleichnamigen Buches auf die große Wirkung seines Ansatzes hin:

„Mit Freude und mit sowohl zustimmender wie kritischer Anteilnahme habe ich in den letzten zehn Jahren beobachtet, wie die Motive der Theologie der Hoffnung von anderen auf originelle Weise aufgenommen wurden und in ihrer eigenen Situation eigenständige Gestalt bekamen. Ich denke an die Entwicklung einer *politischen Theologie* in Europa und an den unvergeßlichen *christlich-marxistischen Dialog*, aus dem die Bewegung *Christen für den Sozialismus* hervorgegangen ist. Ich denke an die *schwarze Theologie* der Hoffnung und der Befreiung in den USA und an die lateinamerikanische *Theologie der Befreiung* des Volkes. Ich denke auch an die feministische Freiheitstheologie" (J. Moltmann, Theologie der Hoffnung. Untersuchungen zur Begründung und zu den Konsequenzen einer christlichen Eschatologie, München, 12. Aufl. 1985, S. 6 f.).

Einer rein transzendentalen und existentialen Eschatologie, die sich vom Kierkegaard'schen Motiv der „Verinnerlichung" leiten läßt, wirft Moltmann Geschichtsfremdheit und politische Unwirksamkeit vor (a.a.O., S. 53 ff.). Aber auch den traditionellen heilsgeschichtlichen Ansatz, wie er in unterschiedlicher Form etwa von Bengel, v. Hofmann und Auberlen vertreten wurde, möchte er nicht einfach übernehmen. Gegen diesen wendet er ein, daß er „nicht durch das Feuer der Kantschen Kritik" gegangen sei und in die „Abständigkeit einer esoterischen Kirchenlehre" gerate. Positiv hingegen wertet er, daß hier überhaupt geschichtlich gedacht werde: Die Wahrheit der heilsgeschichtlichen Eschatologie „liegt sicherlich darin, daß sie sich überhaupt aufmachte, nach der inneren Tendenz und dem eschatologischen Horizont der Zukunft in der geschichtlichen Gottesoffenbarung zu fragen" (a.a.O., S. 62 f.).

Wie verbindet nun Moltmann das grundsätzlich *geschichtlich-futurische Denken* mit der *nachaufklärerischen Kritik*? Indem er nicht, wie „vorkritische" heilsgeschichtliche Denker, von einem detaillierten Heilsfahrplan (mit Trübsalszeit, Antichrist, Entrückung, Tausendjährigem Reich usw.) ausgeht, sondern bestimmte Minimaldaten (Kreuz, Auferstehung, Verheißung, Zukunft des Reiches Gottes) festhält und *politisch* füllt. Er rezipiert also die eschatologischen Aussagen der Heiligen Schrift nicht in ihrem wörtlich beschriebenen Ablauf, sondern geht von einem Grundbestand an „Eckdaten" aus, den die liberale Theologie und Bibelkritik „übrig gelassen" haben. Diesen erweitert er (zum Teil neu) um die futurische Dimension, wobei allerdings die Aktivität des Menschen gegenüber dem Handeln Gottes einen sehr großen Stellenwert einnimmt. Für die Zukunft der Welt erwartet er eine ständige Aufwärtsentwicklung, indem eine zusammenwachsende Menschheit Schritt für Schritt das Reich der Gerechtigkeit und des Friedens aufbaut und so – durch Kampf und Leiden hindurch – die Zukunft der Auferstehung verwirklicht. Moltmann schreibt:

„Nicht in radikaler Entweltlichung gewinnt sich der Glaube, sondern durch hoffnungsvolle Entäußerung in die Welt hinein wird er zu einem Gewinn für die Welt. Indem er das Kreuz, das Leiden und Sterben mit Christus, indem er die Anfechtung und den Kampf um leiblichen Gehorsam annimmt und sich in den Schmerz der Liebe hineingibt, verkündet er die Zukunft der Auferstehung, des Lebens und der Gerechtigkeit Gottes im Alltag der Welt. Die Zukunft der Auferstehung kommt zu ihm, indem er das Kreuz auf sich nimmt. So greifen futurische Eschatologie und Kreuzestheologie ineinander. Weder wird die futurische Eschatologie isoliert wie in der spätantiken Apokalyptik, noch wird das Kreuz zur Signatur der paradoxalen Gegenwart der Ewigkeit in jedem Augenblick wie bei Kierkegaard. Die eschatologische Erwartung der umfassenden Herrschaft Christi für die leibliche, irdische Welt bringt die Wahrnehmung und die Annahme der Differenz von Kreuz und Auferstehung hervor“ (a.a.O., S. 148).

An anderer Stelle betont er die radikale *Diesseitigkeit* seines eschatologischen Ansatzes: „In dieser Hoffnung schwebt die Seele nicht aus dem Jammertal in einen imaginären Himmel der Seligen und löst sich auch nicht von der Erde ... Sie erkennt in der Auferstehung Christi nicht die Ewigkeit des Himmels, sondern die Zukunft eben der Erde, auf der sein Kreuz steht. Sie erkennt in ihm die Zukunft eben der Menschheit, für die er starb. Darum ist ihr das Kreuz die Hoffnung der Erde. Darum ringt die Hoffnung um leiblichen Gehorsam, weil sie leibliche Lebendigmachung erwartet. Darum nimmt sie sich in Sanftmut der zerstörten Erde und der geschundenen Menschen an, weil ihr das Erdreich verheißen ist ... Frieden mit Gott bedeutet Unfrieden mit der Welt, denn der Stachel der verheißenen Zukunft wühlt unerbittlich im Fleisch jeder unerfüllten Gegenwart ... Diese Hoffnung macht die christliche Gemeinde zu einer beständigen Unruhe in menschlichen Gesellschaften“ (a.a.O., S. 16 f.).

Der Ansatzpunkt bei den irdisch-gesellschaftlichen Zuständen mit dem Ziel ihrer Veränderung hat auch eine Schwerpunktverschiebung im traditionellen Verständnis von „Mission“ zur Folge. Ohne „Mission“ im Sinne der Bekehrung von Heiden ganz aufgeben zu wollen, stellt Moltmann seine universalistische – und daher mit dem traditionellen Missionsverständnis letztendlich unvereinbare! – Vorstellung einer *„Missio Dei“* daneben:

„Die ganze Christenheit steht im Apostolat der Hoffnung an der Welt und findet darin ihr Wesen; nämlich das, was sie zur Gemeinde Gottes macht. Sie ist nicht in sich selber das Heil der Welt, so daß die Verkirchlichung der Welt für diese das Heil bedeuten würde, sondern sie dient dem kommenden Heil der Welt und ist wie ein in die Welt hinausgesandter Pfeil ins Zukünftige ... das Heil, soteria, muß auch als schalom im alttestamentlichen Sinne verstanden werden. Das bedeutet nicht Seelenheil, individuelle Rettung aus der bösen Welt, Trost im angefochtenen Gewissen allein, sondern auch Verwirklichung eschatologischer *Rechtshoffnung, Humanisierung* des Menschen, *Sozialisierung* der Menschheit, *Frieden* mit der ganzen Schöpfung. Diese ‚andere Seite' der Versöhnung mit Gott ist in der Geschichte der Christenheit immer zu kurz gekommen, weil man sich selbst nicht mehr eschatologisch verstand und irdisch-eschatologische Antizipationen den Schwärmern und Enthusiasten überließ" (a.a.O., S. 303).

Menschliche Aktivität, angespornt von der Hoffnung auf bessere Zustände und das Kommen des Reiches Gottes, lenkt nach Moltmanns Ansicht geradewegs auf die *Wiederkunft Christi* zu, der – einerseits in Kontinuität, andererseits in Diskontinuität zum menschlichen Handeln für Gerechtigkeit und Frieden stehend – dieses vollenden wird:

„Die Parusie Christi ist etwas anderes als jetzt erfahrene, jetzt gegebene Wirklichkeit. Sie bringt gegenüber dem jetzt Erfahrenen etwas Neues. Darum ist sie aber nicht von der jetzt erfahrbaren und zu lebenden Wirklichkeit totaliter getrennt, sondern wirkt als real ausstehende Zukunft durch erweckte Hoffnungen und aufgerichteten Widerstand in die Gegenwart hinein ... Die christliche Erwartung richtet sich auf niemand anderen als auf den gekommenen Christus, aber sie erwartet von ihm Neues, bisher noch nicht Geschehenes: sie wartet auf die Erfüllung der verheißenen Gottesgerechtigkeit an allem, auf die Erfüllung der in seiner Auferstehung verheißenen Totenauferstehung, auf die Erfüllung der in seiner Erhöhung verheißenen Herrschaft des Gekreuzigten über alles" (a.a.O., S. 207 f.).

Der Unterschied zwischen Moltmanns „Theologie der Hoffnung" und *Ernst Blochs „Prinzip Hoffnung"*, das ihn deutlich beeinflußt hat, liegt im wesentlichen in dem, was den Menschen „in Atem, in Gang, in Hoffnung und Bewegung nach vorne" hält. Während es für den atheistischen Marxisten Ernst Bloch „das Nichts, der horror vacui" ist, stellt für Jürgen Moltmann die entscheidende Triebkraft aller Aktivität die Hoffnung der Auferstehung dar: „Für die christliche Hoffnung gründen Hunger, Trieb, Aufbruch und Zukunftsbereitschaft in der Verborgenheit der Zukunft des Auferstandenen" (a.a.O., S. 321).

An Moltmanns Konzeption ist *positiv* zu würdigen, daß er die Eschatologie wieder für die *Zukunftsdimension* geöffnet hat. Die Ausblendung dieser Dimension – etwa bei Bultmann – raubte der Eschatologie das Wesentliche, nämlich gerade die Hoffnung auf die Auferstehung der Toten und eine andere, bessere Welt. Daß für Moltmann diese Hoffnung nicht zur Flucht aus der jetzigen, diesseitigen Welt führt, sondern zum positiven *Engagement* für Frieden und Gerechtigkeit beflügelt – auch das ist grundsätzlich zu begrüßen. Dennoch ist zu fragen, ob nicht auch er und die von ihm beeinflußten, zum Teil viel radikaleren „Politischen Theologien" (z.B. eines Richard Shaull, Leonardo Boff und Gustavo Gutiérrez) gewissen Vereinseitigungen und Gefahren erlegen sind.

Da erhebt sich zunächst das Problem der *Hermeneutik*. Moltmann macht von den eschatologischen Aussagen aufgrund der kritischen Destruktion des Literalsinns der Heiligen Schrift einen *selektiven* (auswahlweisen) Gebrauch und gelangt dadurch zur optimistischen Sicht eines – fast säkularisierten – *Postmillennialismus*. Einfacher gesagt: Weil er die biblischen Aussagen vom Kommen der Trübsalszeit, des Antichristen, der Endgerichte und des Vergehens dieser Welt (z.B. Mt 24 parr.; 2. Thess 2; 2. Petr 3,10; die ganze Apk) nicht mehr wörtlich nimmt, sondern bibelkritisch weginterpretiert oder umdeutet, gelangt er zu der Ansicht, die Weltgeschichte würde ohne Bruch geradewegs in das Reich Gottes münden und die Menschheit durch ihren Beitrag für Gerechtigkeit und Frieden das Kommen des Messias vorbereiten.

Biblische Aussagen, die sich auf das Tausendjährige Friedensreich Jesu Christi nach dem Auftreten des Antichristen und dem Ablauf der Endgerichte beziehen (Apk 20,1–10), verbindet er fälschlich mit der Gegenwart, so etwa die alttestamentliche Verheißung eines weltumfassenden Schalom. Obwohl die eigentliche Wiederkunft Christi – zumindest bei Moltmann – durchaus noch in der Zukunft erwartet wird, werden die Wirkungen des messianischen Friedensreiches doch schon in der Gegenwart vorweggenommen. Man muß deshalb, wenn auch mit Einschränkungen, von einem *proleptischen Messianismus* (Vorwegnahme des Friedensreiches Jesu Christi) reden. Man beachte in diesem Zusammenhang, daß die Erfüllung der diesbezüglichen Verheißungen, etwa bei den Propheten, ausdrücklich auf „die *letzte* Zeit“ der Heilsgeschichte datiert wird (Jes 2,2; Mi 4,1 u.a.)!

So denkt Moltmann trotz seiner Öffnung für die futurische Dimension letztlich *ungeschichtlich*, weil er den wirklichen Geschichtsablauf gemäß dem biblischen Literalsinn nicht ernst nimmt. Moltmanns Zukunft ist nicht die biblische Zukunft, sondern eine Verkürzung davon, die durch die Auslassung wesentlicher Teile zu einem falschen Resultat führt.

Diese hermeneutische Fehlentscheidung wirkt sich problematisch auf das Gebiet des Missionsverständnisses und der Ethik aus. Die Konsequenz ist, wie schon erwähnt, ein *Heilsuniversalismus*, verbunden mit einem *Synergismus*. Wenn Moltmann davon ausgeht, daß sich die gesamte Menschheit als Kollektiv geradewegs auf den Schalom und das Reich Gottes zu entwickelt (selbst wenn dies durch die quasi stellvertretende Hoffnung der an den Auferstandenen glaubenden Gemeinde geschieht), dann ist die biblische Linie verlassen, die vom Vergehen des jetzigen gottfeindlichen Kosmos und der Verlorenheit derer spricht, die nicht zu Jesus Christus umgekehrt sind (vgl. Mt 7,12f.; Mk 16,16; Joh 5,24; Act 16,31 u.a.). Und wenn er diesen Schalom im wesentlichen durch das Wirken der Menschheit vorbereitet sieht, die das Produkt ihrer Bemühungen dem wiederkommenden Christus als dem Vollender übergibt, so lauert hinter dieser Vorstellung – trotz allen positiven, oft jedoch auch politisch-einseitigen Engagements – die Werkgerechtigkeit des Synergismus, die das Heil allein aus Gnaden verspielt. Treffend meint Horst-Georg Pöhlmann im Blick auf solche Konzeptionen:

„Selbsterlösung und Pelagianismus sind die Gefahr jeder immanenten Eschatologie, die Reich Gottes und Geschichte identifiziert, die sozialrevolutionäre Traumstraßen in die Zukunft mit dem Reich Gottes verwechselt ... Er (Christus) alleine erlöst uns, er alleine bringt das Reich Gottes, das eine Revolution von oben, nicht von unten ist ... Er alleine bringt die bessere Welt, nicht Menschen, die nur eine *weniger schlechte*, nicht eine *bessere* Welt schaffen könne. Das Reich Gottes ist Gottes unerforschlicher Plan, nicht von Menschen zu planen und herbeizuzwingen. Das Reich Gottes ist alleine Gottes Tat, nicht Tat Gottes *und* des Menschen ..., sosehr es den Menschen zur Tat ermächtigt und nicht zu einem passiven Zuschauer macht“ (Pöhlmann, a.a.O., S. 324).

3.7. Zusammenfassung und Wertung

Wir haben verschiedene eschatologische Modell betrachtet. Ihre Stärken und Schwächen sind dabei deutlich zutage getreten. Im folgenden fasse ich die wichtigsten Beobachtungen noch einmal kurz zusammen.

Die *teleologisch-futurische Deutung* hält an der geschichtlichen Dimension der biblischen Aussagen fest. Sie ist es, die – trotz mancher spekulativer Auswüchse bei manchen ihrer Vertreter – meines Erachtens dem biblischen Literalsinn und Gesamtkontext am ehesten gerecht wird und nicht Vereinseitigungen in dem Maße wie die anderen Modelle verfällt. Dennoch enthalten auch die anderen Modelle berechtigte Aspekte, die ich im folgenden noch einmal hervorheben möchte.

Die *historisch-präterische Deutung* weist darauf hin, daß prophetische Aussagen immer zuerst im zeitlichen Zusammenhang ihrer Entstehung zu interpretieren sind. Sie kann jedoch nicht erkennen, daß da, wo die rein zeitgeschichtliche Deutung versagt, darüber hinausgehende Deutungen, etwa endgeschichtlicher Art, berücksichtigt werden sollten.

Die *Konsequente Eschatologie* hebt gegenüber einer rationalistischen und ethizistischen Verflachung den überweltlichen Charakter der Reich-Gottes-Botschaft hervor. Mit der Naherwartung wird ein wichtiger Aspekt der urchristlichen Hoffnung auf den Leuchter gestellt. Leider aber wird diese Hoffnung zu einem Dogma überhöht und damit der neutestamentliche Gesamtrahmen einer Nichtberechenbarkeit des Endes verlassen.

Die *transzendental-präsentische Eschatologie* betont den absoluten qualitativen Unterschied zwischen Gott und Mensch, Ewigkeit und Zeit und postuliert die Existenz einer Überwelt. Sie wird dabei jedoch so „zeitlos“, daß sie den Bezug zur biblisch bezeugten Geschichte verliert.

Ähnliches gilt für die *existential-präsentische Deutung*, doch kommt hier hinzu, daß diese weder eine Überwelt noch eine geschichtlich beschreibbare Zukunft kennt, sondern den Menschen letztlich mit seiner Entscheidung für ein qualitativ anderes Leben allein läßt.

Die *politische Eschatologie* gewinnt wieder eine Geschichts- und Zukunftsdimension und ermutigt den Menschen zu sozialem (oft sozialistischem) Engagement. Ihre Geschichtsschau ist jedoch vielfach nicht identisch mit der im biblischen Literalsinn festgehaltenen Heilsgeschichte, sondern mündet in einen proleptischen Messianismus und synergistischen Aktivismus.

Vom biblischen Gesamtkontext und Wortsinn her ergibt sich somit meines Erachtens eine deutliche Präferenz für eine heils- und endgeschichtliche Deutung, ohne gewisse Wahrheitselemente bei den anderen Interpretationsmodellen auszuschließen. Die heils- und endgeschichtliche Sicht, wie ich sie verstehe, versuche ich, im Folgenden weiter zu entfalten.

Ist nach allem bisher Gesagten das *Reich Gottes* eine gegenwärtige oder zukünftige Größe? Ich denke: Es ist *zukünftig*. Jesus Christus wird es errichten, wenn er wiederkommt in Macht und Herrlichkeit. Es ist aber nicht nur zukünftig, sondern insofern auch *gegenwärtig*, als in der Gemeinde Jesu Christi durch die Innewohnung des Heiligen Geistes in den Gläubigen Vorschattungen dieses kommenden Reiches festzustellen sind, wenn auch noch unter den Schwächen einer zerbrechlichen menschlichen Existenz verborgen. Denn es gilt eben beides: „Vater unser im Himmel ... Dein Reich *komme*“ (Mt 6,9 f.) – und: „Das Reich Gottes *ist mitten unter euch*“ (Lk 17,21). Hierzu mehr in den folgenden Teilen ...

4. Das Tausendjährige Reich – gegenwärtig oder zukünftig?

Antworten aus der Kirchengeschichte

Bei der Lehre vom Tausendjährigen Reich (*Millennium*, auch: *Millenium* – die Schreibweise variiert in der Literatur; von lat. „mille anni" = „tausend Jahre") geht es nicht nur um das Tausendjährige Reich. Vielmehr ist mit der Stellung zu diesem Thema die gesamte Eschatologie (Lehre von den letzten Dingen) verknüpft, die ein Interpret der Heiligen Schrift einnimmt.

Drei Grundmodelle werden bezüglich der Lehre vom Tausendjährigen Reich unterschieden: Prämillennialismus, Amillennialismus und Postmillennialismus (andere vorkommende Schreibweisen: Prämillenialismus, Prämilleniarismus usw.). Diese weisen in sich noch einmal mehrere Variationen auf. Am hervorstechendsten ist der Unterschied zwischen dispensationalistischem und historischem Prämillennialismus.

Der *Prämillennialismus* lehrt, daß es ein Tausendjähriges Reich geben wird und daß Jesus Christus *vor* (lat. *prae*) diesem Tausendjährigen Reich wiederkommt. Jesu Wiederkunft wird eine leibliche Wiederkunft hier auf Erden sein. Das Tausendjährige Reich wird ein *irdisches* Reich sein, in welchem Christus regiert *(Christokratie)* und Satan gebunden ist. Der Übergang vom Gemeindezeitalter zum Millennium ist durch *Diskontinuität* (Unterbrechung) gekennzeichnet: Zeichen der Endzeit, Gerichte, die große Trübsalszeit, das Auftreten des Antichristen und die Schlacht von Harmagedon gehen ihm voraus. Auch nach dem Millennium tritt noch einmal Diskontinuität ein: Satan wird losgelassen, um die Völker zu verführen. Schließlich aber wird er gerichtet. Dann folgt das Weltgericht vor dem Großen Weißen Thron. Die Verlorenen gehen in die ewige Verdammnis, die Geretteten in die ewige Seligkeit im himmlischen Jerusalem. In diesen groben Zügen herrscht unter den Anhängern des Prämillennialismus Einigkeit.

Uneinigkeit besteht hingegen im Blick auf folgende Frage: Erfolgt die *Entrückung* der Gemeinde vor (Prätribulationismus), mitten in (Mediotribulationismus) oder nach der Großen Trübsal (Posttribulationismus) – oder gibt es eine Teil- oder stufenweise Entrückung der in besonderem Maße auf den Herrn Wartenden (partial rapture)? Mit dieser Frage hängt die weitere untrennbar zusammen: Wird in der Trübsalszeit und im Millennium die Gemeinde noch auf der Erde sein – oder sind diese Epochen (Dispensationen) allein für das national gesammelte und geistlich erwachende Israel bestimmt?

Der *historische Prämillennialismus* (seine Anhänger berufen sich auf die vordispensationalistische, „historische" prämillennialistische Schau, etwa bei den Kirchenvätern) deutet „Israel" geistlich und bezieht die darauf gerichteten Prophezeiungen auf die neutestamentliche Gemeinde. Der *klassische Dispensationalismus* hingegen (er teilt die Geschichte in streng voneinander abgegrenzte Epochen oder „Dispensationen" ein) sieht die Gemeinde (in der Regel) durch die Vorentrückung von der Erde hinweggenommen und ordnet Trübsalszeit und Millennium allein dem nationalen Israel zu. Der *progressive Dispensationalismus* versucht, hier eine Mittelposition einzunehmen: Er spricht von einem „vereinigten Volk Gottes" aus Israel und der Gemeinde in Trübsalszeit und Millennium, das in sich bestimmte Unterscheidungsmerkmale trägt.

Im Gegensatz zu allen diesen Positionen erwartet der *Amillennialismus* überhaupt *kein zukünftiges oder sichtbares Tausendjähriges Reich* (*a* = griech. Verneinungsform: „kein Millennium"). Aussagen der Heiligen Schrift, die sich auf das Millennium beziehen, werden symbolisch auf die Zeit der Kirchengeschichte gedeutet. In dieser wachsen Gutes und Böses miteinander auf. Ein sichtbares, reines Tausendjähriges Reich gibt es somit weder zukünftig noch gegenwärtig, sondern höchstens *geistlich* in den Herzen und Versammlungen der Gläubigen oder in den Seelen der im Himmel befindlichen vollendeten Gerechten. Die Zeit der Gemeinde in der Welt geht unmittelbar in die Ewigkeit über, eingeleitet durch die Wiederkunft Christi und das Jüngste Gericht. Der Gedanke eines Zwischenreiches wird abgelehnt.

Der *Postmillennialismus* seinerseits erwartet die Wiederkunft Jesu Christi *nach* (lat. *post*) dem Millennium. Dieses wird als gegenwärtig schon vorhandenes Reich gedacht, das sich wachstümlich entfaltet und das Böse mehr und mehr verdrängt. Das Millennium oder Goldene Zeitalter geht unmittelbar aus dem Gemeindezeitalter hervor *(Kontinuität)*. Der Unterschied zum Amillennialismus, der ein gleichmäßiges Bestehen von Gut und Böse bis zur Wiederkunft Christi annimmt, liegt vor allem in der *optimistischen* Sicht. Konservative Postmillennialisten sprechen von einer zunehmenden Christianisierung der Welt durch die Einwohnung des Geistes Gottes infolge von Mission und Evangeliumsverkündigung. So wird die Welt durch die Ausbreitung von Gottes Geist zu einem Reich der Gerechtigkeit und des Friedens – und als Höhepunkt tritt die Wiederkunft Jesu Christi ein. Liberale Postmillennialisten haben diese Zukunftshoffnung säkularisiert: Der Mensch schafft durch eigene Anstrengungen evolutionär das Reich des Friedens und der Gerechtigkeit auf Erden.

Die Geschichte der eschatologischen Deutungsmodelle ist im wesentlichen eine Geschichte der *Hermeneutik* (Verstehenslehre), verbunden mit bestimmten theologischen und philosophischen Grundvoraussetzungen. Während die prä- und amillennialistischen Deutungsversuche sehr alt sind und vor allem seit dem 4. Jahrhundert n. Chr. miteinander „wetteifern“, kam die postmillennialistische Auffassung relativ spät zum Tragen. Im folgenden kann nur ein skizzenhafter Überblick vermittelt werden.

4.1. Der Prämillennialismus der frühen Kirchenväter

Die Autoren und Kirchenväter des 1. –3. Jahrhunderts tendierten zu einer einfachen prämillennialistischen Sicht auf der Grundlage einer *literalen* (buchstäblich-wörtlichen) Deutung biblischer Texte (insbesondere von Apk/Offb 20,1–10). Unter den im 1. Jahrhundert Geborenen nennt John F. Walvoord, selber ein führender Prämillennialist: Aristion, Johannes Presbyteros, Clemens von Rom, Hermas, Ignatius, Polykarp und Papias, der sich auf die Apostel Andreas, Petrus, Philippus, Thomas, Jakobus, Johannes und Matthäus beruft. Walvoord betont:

„Außer Barnabas, dessen Prämillennialismus umstritten ist, kann kein einziger Amillenalist (sic) im ersten Jahrhundert genannt werden ... Ebenso findet sich im zweiten Jahrhundert keine Spur eines Amillenarismus bis 190 n. Chr. In dieser Zeit können Justinus Martyr, Melito, Hegesippius, Tatian, Irenäus, Tertullian, Hippolyt und Apollinarius als Prämillenaristen genannt werden ... Obwohl es im dritten Jahrhundert (sc. mit dem Aufblühen der alexandrinischen Allegorese) zum Streit zwischen Amillenarismus und Prämillenarismus kam, können frühe Kirchenväter angeführt werden, die auch im dritten Jahrhundert an der prämillenalen Deutung festhielten. Unter ihnen sind Cyprian (ca. 200–258), Commodius (230–280), Victorinus (240–303), Methodius (250–311) und Lactantius (240–320)."

Walvoord folgert daraus: „Die klare Lehre des Prämillenarismus in der frühen Kirche, ehe sie von der amillenalen Deutung überflügelt wurde, ist ein hinreichender Beweis, daß die Ansicht der Apostel nicht amillenal war, und daß die frühe Kirche, die ihren Lehren folgte, auf die Rückkehr Jesu und ein Königreich auf Erden wartete" (J. F. Walvoord, Brennpunkte biblischer Prophetie. Was kommt auf uns zu?, Neuhausen-Stuttgart 1992, S. 108f.).

Aus der Fülle der genannten Schriftsteller und Kirchenväter aus der Zeit des frühen Christentums greife ich vier Beispiele heraus: Papias, Justin den Märtyrer, Irenäus und Tertullian.

Von *Papias* (ca. 60–130 n. Chr.), der als ein Schüler des Apostels Johannes betrachtet wird, ist trotz offensichtlich reicher schriftstellerischer Tätigkeit kein Text erhalten. Doch berichten sowohl Irenäus (Gegen die Häretiker 5,33) als auch Euseb von seiner chiliastischen (das Tausendjährige Reich erwartenden), prämillennialistischen Überzeugung. Euseb, der Anfang des 4. Jahrhunderts seine Kirchengeschichte schrieb, äußert sich über Papias in spöttischem Ton:

„Papias bietet ... außerdem noch einige sonderbare Berichte. Zu diesen gehört seine Behauptung, daß nach der Auferstehung der Toten tausend Jahre kommen werden, in denen das Reich Christi sichtbar auf Erden bestehen werde. Nach meiner Meinung hat Papias diese Anschauung zusammen mit alten Erzählungen der Apostel aufgenommen, wobei er das, was die Apostel geheimnisvoll in Andeutungen gesprochen hatten, nicht verstanden hat. Obwohl er, wie man aus seinen Worten schließen kann, geistig sehr beschränkt gewesen sein muß, hat er doch sehr vielen späteren

Kirchenschriftstellern, die sich auf das Alter des Mannes beriefen, wie dem Irenäus und denen, die sonst noch solche Ideen vertreten, Anlaß zu ähnlicher Lehre gegeben" (Eusebius von Caesarea, Kirchengeschichte 3,39,11–13).

Justin der Märtyrer (ca. 100–165) vereinigte den Chiliasmus des Papias mit einer im frühen Judenchristentum aufkeimenden, an die Schöpfungstage anknüpfenden Weltzeitalter-Theorie. Diese teilte in einer wörtlichen Auffassung des Vergleichs von 2. Petr 3,8 („Vor dem Herrn ist ein Tag wie tausend Jahre, und tausend Jahre sind wie ein Tag") die Weltgeschichte in sieben Epochen von jeweils tausend Jahren Dauer auf. Justin nun setzte das siebte Weltzeitalter mit dem Millennium gleich. Er führt aus:

„Ich und alle anderen rechtgläubigen Christen sind sich gewiß, daß es eine Auferstehung des Fleisches geben wird. Dieser folgen tausend Jahre im wieder aufgebauten, geschmückten und vergrößerten Jerusalem, wie die Propheten Hesekiel, Jesaja und andere sagen" (Dialog mit Tryphon 80,4). Und an anderer Stelle: „Ein Mann unter uns, genannt Johannes, einer der Apostel Christi, empfing eine Offenbarung, daß die Nachfolger Christi tausend Jahre in Jerusalem verbringen werden. Danach wird sich die allgemeine und, in einem Wort, ewige Auferstehung aller auf einmal ereignen, gefolgt vom Gericht" (a.a.O., 81,4).

Ein detailliert ausgeformter und zum Teil übertriebener Prämillennialismus findet sich in den Schriften des *Irenäus* (ca. 140–200). Auch er setzt das siebte Zeitalter mit dem Millennium gleich. Diesem geht eine dreieinhalbjährige Herrschaft des Antichristen mit der Entweihung des Jerusalemer Tempels voraus. Christus wird den Antichristen besiegen, in den Feuersee werfen und sein weltweites Reich des Friedens und der Gerechtigkeit mit dem Zentrum in Jerusalem errichten. Dieses Reich kann Irenäus mit den sattesten Farben ausmalen – zum Teil dermaßen übertrieben und „fleischlich", daß die Gegenbewegung des Amillennialismus (etwa Augustin) den Gedanken des Tausendjährigen Reiches gänzlich verwarf. Irenäus führt aus:

„Wenn der Antichrist alle Dinge dieser Welt entweiht hat, wird er dreieinhalb Jahre regieren. Und dann wird der Herr vom Himmel auf den Wolken kommen und diesen und alle, die ihm folgen, in den Feuersee werfen. Für die Gerechten aber wird er die Zeit des Reiches einführen, den gelobten siebten Tag" (Gegen die Häretiker 5,30,4). „Die Tage werden kommen, an denen Weinstöcke wachsen werden. Jeder wird zehntausend Äste haben, und jeder Ast zehntausend Zweige, und jeder Zweig zehntausend Schößlinge, und jeder Schößling zehntausend Traubenbüschel, und jedes Traubenbüschel zehntausend Trauben, und jede gepreßte Traube ergibt 25 Liter Wein. Und wenn einer der Heiligen eine Weintraube ergreifen will, wird eine andere rufen: ‚Ich bin eine bessere Weintraube. Nimm mich! Preise den Herrn durch mich!'" (a.a.O., 5,33).

Tertullian (ca. 160–230) argumentierte gegen Marcion, der sich gegen „Judaismus", nationalisraelitische Erwartungen und die Gültigkeit entsprechender Aussagen im Alten und Neuen Testament ausgesprochen hatte. Tertullian seinerseits hielt an der irdischen Reichs-Erwartung fest, auch wenn die Heimat der Christen im Himmel ist. Er führt aus:

„Wir bekennen, daß uns auf Erden ein Königreich verheißen ist, aber dies tritt ein, bevor wir in den Himmel gelangen ... nach der Auferstehung, für tausend Jahre. Die Stadt, von Gott erbaut, das Jerusalem, vom Himmel gekommen, welches der Apostel als unsere Mutter in der Höhe bezeichnet und von dem er erklärt, daß unser Bürgerrecht im Himmel ist, lokalisiert er offensichtlich in einer himmlischen Stadt ... Dies ist die Art des himmlischen Königreichs: Innerhalb des Zeitraums von tausend Jahren ist die Auferstehung der Heiligen enthalten, die früher oder später auferstehen gemäß ihren Verdiensten. Danach, wenn die Vernichtung der Welt und das Feuer des Gerichts sich ereignet haben, werden wir in einem Moment in engelgleiches Wesen verwandelt werden kraft des Überkleidetwerdens mit dem Unzerstörbaren und in die himmlische Königsherrschaft versetzt" (Tertullian, Gegen Marcion 3,24,3.6).

4.2. Augustin und der Sieg des Amillennialismus

Um 200 n. Chr. setzte – wie schon erwähnt – die Gegenbewegung des Amillennialismus ein. Ihren Höhepunkt erlebte sie im 4. Jahrhundert in Gestalt der Theologie Augustins und bestimmte von da an stark das eschatologische Denken der Großkirchen bis heute. Der Prämillennialismus wurde zurückgedrängt, blieb aber als Gegenströmung in verschiedenen Gruppen, Gemeinden, Freikirchen und auch „Sekten" immer lebendig. Heute kann der Prämillennialismus als die führende eschatologische Ansicht im Raum der evangelikalen Theologie bezeichnet werden (ich gehe darauf noch ein).

Wie aber kam es zum Sieg des Amillennialismus im 3. und vollends im 4. Jahrhundert? Vor allem drei Ursachen spielen hier eine Rolle: Zum ersten gewann seit dem Ende des 2. Jahrhunderts durch die alexandrinische Theologenschule (Clemens von Alexandrien und Origenes im Gefolge Philos) die *allegorische* (vergeistigende) *Bibelinterpretation* immer mehr Einfluß und drängte eine literale Auslegung – etwa von Apk 20,1–10 – zurück. Zum zweiten war in der konstantinischen und postkonstantinischen Ära die Kirche aus der Rolle der bedrängten und verfolgten Gemeinde in die Rolle der herrschenden *Staatskirche* übergewechselt. Die stark pessimistische Sicht des Prämillennialismus (Erwartung des Antichristen, der Verfolgung, der baldigen Wiederkunft Christi) schien sich hiermit nicht mehr zu vertragen. Der dritte und entscheidende Grund aber war die übermächtige Wirkung der *Theologie Augustins*. Mit dieser werden wir uns daher etwas ausführlicher befassen.

Aurelius Augustinus (354–430) war, wie er in seinem monumentalen Werk *„Vom Gottesstaat"* (De civitate Dei, §§ 20ff.) ausführt, in seiner Jugend selber für chiliastische Vorstellungen aufgeschlossen. Er glaubte, daß die Heiligen nach ihrem Tod im Tausendjährigen Reich als dem siebten Weltzeitalter auferweckt werden und dort ein glückliches und fröhliches Leben führen. Das darauf folgende achte Weltzeitalter sei die himmlische Herrlichkeit oder Ewigkeit.

Daß er sich später von dieser Auffassung gelöst hat, hängt deutlich mit seiner Biographie zusammen: Bejahte er in seiner Jugend ein sinnenfreudiges, ja ausschweifendes Leben, so nahm er nach seiner Bekehrung eine eher asketische Haltung ein. Mehr und mehr wurden ihm die übertriebenen „fleischlichen" Ausmalungen des Tausendjährigen Reiches, wie sie sich etwa bei Irenäus fanden, suspekt. Das Problem ist nur, daß Augustin meines Erachtens „das Kind mit dem Bade ausschüttete“: Die Loslösung von den fleischlichen Interpretationen des Millenniums führte dazu, daß Augustin den Gedanken eines zukünftigen irdischen Tausendjährigen Reiches überhaupt verwarf.

Statt dessen vertrat er ein amillennialistisches Modell, in dem Gottesreich und Weltreich als *corpus permixtum* (vermischter Leib) miteinander bestehen bis zur Wiederkunft Christi und dem Jüngsten Gericht. Beim Jüngsten Gericht werden Weltreich und Gottesreich, Böses und Gutes voneinander geschieden, und unmittelbar darauf folgt – ohne Zwischenreich – die Ewigkeit. Das Millennium, soweit von einem solchen noch geredet werden kann, ist gegenwärtig in der Zeit der *Kirchengeschichte* vorhanden, aber unsichtbar in den Seelen und Versammlungen der Gläubigen sowie bei den vollendeten Gerechten im Himmel. Es ist somit eine rein geistliche Größe.

Auch wenn Augustin in der Auslegung der Heiligen Schrift die literale Interpretation bevorzugte, so vertrat er im Blick auf die Eschatologie – im Anschluß an Ticonius – *allegorische* und *symbolische* Deutungen. Die Einzelheiten in Apk 20,1–10 etwa werden dementsprechend als Bilder für die Zeit der Kirchengeschichte interpretiert. Jetzt sei Satan gebunden, d.h. er könne nicht seine volle Macht entfalten und den Triumph der Kirche nicht verhindern. Die erste Auferstehung nach Apk 20,5 f. sei geistlich zu verstehen. Sie geschehe nicht in einem Tausendjährigen Reich auf Erden, sondern in Form der Wiedergeburt in den Seelen der Gerechten durch Taufe und Glaube. Die zweite Auferstehung sei die leibliche Auferstehung beim Jüngsten Gericht am Beginn der Ewigkeit.

Allerdings gab Augustin die biblisch-literale Chronologie nicht völlig preis. So erwartete er vor der Wiederkunft Christi und dem Jüngsten Gericht die Freilassung Satans mit der dreieinhalbjährigen Herrschaft des Antichristen auf Erden, die eine letzte Prüfung für die Kirche als civitas Dei bedeute. Diese Prüfung werde sie sieghaft bestehen.

Auf dem *Konzil von Ephesus* im Jahre 431 n. Chr. wurde der Amillennialismus dogmatisiert und der Prämillennialismus verworfen.

Der Glaube an ein buchstäbliches, zukünftiges Tausendjähriges Reich sei „Aberglaube“. Dieses Urteil prägte die Theologie für Jahrhunderte.

4.3. Das Weiterleben des Chiliasmus

Dennoch sind andere eschatologische Auffassungen, wie schon erwähnt, nie ganz verschwunden. Chiliastische Gedanken (Chiliasmus = Erwartung des Tausendjährigen Reiches, meist in unmittelbarer zeitlicher Nähe) in unterschiedlicher Form kursierten etwa im Mittelalter bei den Joachimisten und in der Reformationszeit bei den Täufern und Anhängern der Müntzerschen und Münster'schen Revolution.

Joachim von Fiore (ca. 1135–1202) und seine Schüler, die Franziskaner-Spiritualen, sprachen in Anknüpfung an die Trinität (Dreieinigkeit) Gottes von drei „status“ oder „Weltzeiten“:

1. der Weltzeit des Vaters oder Zeit des Alten Testaments, die von Adam bis Johannes dem Täufer dauerte;

2. der Weltzeit des Sohnes oder „Petruskirche“, die sich vom Kommen Christi bis zu Benedikt von Nursia (ca. 480–543 n. Chr.) erstreckte;

3. der Weltzeit des Geistes oder „Johanneskirche“, die mit Benedikt ihren Anfang nahm, aber ihren Höhepunkt um das Jahr 1260 erleben wird. Um diese Zeit sollte das Evangelium den Sieg erringen, eine reine Kirche errichtet werden und eine christianisierte Welt dem wiederkommenden Herrn entgegeneilen.

Joachims Lehre wies gewisse Kennzeichen des erst später zu seiner vollen Ausgestaltung gelangenden *Postmillennialismus* auf (s.u.).

Auch die meisten *Täuferkreise* während der Reformationszeit waren von chiliastischen Vorstellungen geprägt. Sie gingen vom Ideal der vorkonstantinischen leidenden und verfolgten Märtyrerkirche aus, die auf die baldige Wiederkunft Christi wartete. Während die gemäßigteren Gruppen die Aufrichtung des Tausendjährigen Reiches vom wiederkommenden Herrn erhofften *(Prämillennialismus)*, versuchten einzelne radikale Kreise (z.B. die Münsteraner

Täufer) das Tausendjährige Reich selbst zu errichten und das Kommen Christi aktiv vorzubereiten *(Postmillennialismus).* Schlimme Auswüchse waren mit übersteigerten chiliastischen Erwartungen, vollends in Münster, verbunden.

4.4. Der Amillennialismus der Reformatoren

Eine Folge der chiliastischen Radikalität mancher Täuferkreise, aber z.B. auch Thomas Müntzers, war, daß die Reformatoren den millennialistischen Gedanken samt und sonders verwarfen. Als Beispiel zitiere ich Artikel 17 aus dem *Augsburger Bekenntnis:*

„Auch wird gelehret, daß unser Herr Jesus Christus am jungsten Tag kummen wird, zu richten, und alle Toten auferwecken, den Glaubigen und Auserwählten ewigs Leben und ewige Freude geben, die gottlosen Menschen aber und die Teufel in die Helle und ewige Straf verdammen. Derhalben werden die Wiedertaufer verworfen, so lehren, daß die Teufel und verdammte Menschen nicht ewige Pein und Qual haben werden. Item werden hie verworfen auch etlich judisch Lehren, die sich auch itzund eräugen, daß vor der Auferstehung der Toten eitel Heilige, Fromme ein weltlich Reich haben und alle Gottlosen vertilgen werden" (CA 17, in: Die Bekenntnisschriften der evangelisch-lutherischen Kirche, Göttingen, 8. Aufl. 1979, S. 72).

Johannes Calvin bezeichnete die Chiliasten als „kindisch" und meinte, sie würden durch die Beschränkung der Herrschaft Christi auf ein zeitliches Reich (was allerdings keineswegs der Fall ist) Gott Unehre antun: „Im Übrigen erklärt die ganze Schrift mit lauter Stimme, daß weder die Seligkeit der Auserwählten, noch auch die Strafe der Verworfenen je ein Ende finden wird ... Wer den Kindern Gottes zum Genuß der Erbschaft des künftigen Lebens nur tausend Jahre anweist, der bemerkt gar nicht, was für einen Schandfleck er damit Christus und auch seinem Reiche aufbrennt. Denn wenn die Gläubigen nicht mit Unsterblichkeit angetan werden, dann ist auch Christus selbst, in dessen Herrlichkeit sie umgestaltet werden sollen, nicht in unsterbliche Herrlichkeit aufgenommen worden; hat die Seligkeit der Gläubigen einmal ein Ende, so ist auch Christi Reich, auf dessen Beständigkeit sich jene Seligkeit stützt, zeitlich!“ (Institutio Christianae Religionis III,25,5).

Die Reformatoren teilten, wie schon erwähnt, den amillennialistischen Ansatz Augustins und des römischen Katholizismus. Dennoch gab es Unterschiede, etwa bezüglich der *Naherwartung* der Wiederkunft Christi. Der Ansturm der Türken gegen das christliche Abendland wurde als Gericht und Zeichen des Endes gedeutet (wobei das entscheidende Zeichen Israel – im Unterschied zu heute – allerdings fehlte!). Der Hauptunterschied zum römischen Katholizismus lag freilich in der Identifikation des *Antichristen* mit der vorhandenen Institution des *Papsttums*, was aus der Kampfstellung der Reformatoren historisch verständlich ist. Zahlreiche Äußerungen Luthers, Zwinglis und Calvins, aber auch schon John Wyclifs und Jan Hus’ sind diesbezüglich vorhanden. Am bekanntesten dürfte Luthers 1545 verfaßte Schrift „Wider das Papsttum zu Rom, vom Teufel gestiftet“ sein. Darin heißt es:

„Dies ist allererst die allerärgste Grundsuppe aller Teufel in der Hölle, daß er (sc. der Papst) solche Gewalt dahin ausdehnt, daß er Macht haben will, Gesetze und Artikel des Glaubens aufzustellen, die Schrift (welche er nie gelernt hat, nicht kann, auch nicht wissen will) nach seinem tollen Sinn zu deuten. Er will alle Welt zwingen, seiner Lehre zu glauben, und lehrt doch nichts als eitel Abgötterei ... und zerstört alles, was der Gottessohn, unser Herr, uns mit seinem Blut erworben hat, nimmt den Glauben, christliche Freiheit und rechte gute Werke weg. Und das nennt er in seinen teuflischen, spitzbübischen Dekreten richtig getan und Gehorsam der Kirche, und brüllt daher, wie besessen und voller Teufel, daß wer ihm und seiner römischen Kirche nicht gehorsam sei, der könne nicht selig werden“ (Luther Deutsch 2,341).

Und an anderer Stelle: „Ich halte den Mahmet (sc. Mohammed bzw. Islam) nicht für den Endechrist, er macht's zu grob und hat einen kenntlichen schwarzen Teufel, der weder Glauben noch Vernunft betrügen kann, und ist wie ein Heide, der von außen die Christenheit verfolget, wie die Römer und andere Heiden getan haben. Aber der Papst bei uns ist der rechte Endechrist, der hat den hohen, schönen, gleißenden Teufel, der sitzt inwendig in der Christenheit“ (WA 53,394; 26,507).

4.5. Die Reaktion der Gegenreformation

Die theologische Reaktion der Gegenreformation blieb nicht aus. Zwei Modelle wurden vertreten, die den Verdacht des Antichristlichen von Rom abwenden sollten. Das erste stammt von dem Jesuiten *Luis de Alcazar* (1554–1613). Er stellte der historischen Deutung der eschatologischen Aussagen durch die Reformatoren auf das Papsttum etc. eine *zeitgeschichtliche* (präteristische) Interpretation entgegen. Der Antichrist sei schon längst gekommen, nämlich im 1. Jahrhundert n. Chr. in Gestalt des römischen Kaisers Nero. Die biblischen Prophezeiungen hätten sich somit längst vor der Zeit der mittelalterlichen Kirche erfüllt.

Anders verfuhr der Jesuit *Francis Ribera* (1537–1591). Er setzte der historischen Auffassung eine *futurische* (zukünftige) Deutung entgegen. Ribera sagte in seinem um 1590 veröffentlichten Kommentar zur Johannesapokalypse, der Antichrist sei eine zukünftige Gestalt, die erst am Ende der Zeiten – in ferner Zukunft – auftreten werde, und zwar ein Jude. Er werde die christliche Religion abschaffen, den Tempel in Jerusalem wieder errichten und als Messias von den Juden angenommen werden. Dreieinhalb Jahre lang werde er sein gotteslästerliches Wirken von Jerusalem aus über die ganze Welt verbreiten, dann werde ihn der wiederkommende Herr richten.

Beide Deutungen erlangten in der Folgezeit großen *Einfluß* – bis in protestantische liberale und evangelikale Kreise hinein! Von konservativer lutherischer und reformierter Seite wird daher gelegentlich der Vorwurf erhoben, der Protestantismus sei von der jesuitischen Gegenpropaganda unterwandert worden und habe die Identifikation des Antichristen mit dem Papsttum aufgegeben. So behauptet etwa der Schriftleiter der streng antipäpstlichen Zeitschrift „Wahrheit für heute“, Robert D. Brinsmead:

„In den vergangenen hundert Jahren hat die protestantische Bewegung weitgehend die prophetischen Überzeugungen des historischen Protestantismus verlassen und für die Theorien optiert, die ihren Ursprung bei den Jesuiten haben. Der *liberale* Flügel der protestantischen Bewegung, der oft die Inspiration der Bibel leugnete oder ihre Hauptwahrheiten vergeistigte, hat die präteristische Auffassung der Prophezeiung, die zuerst von dem Jesuiten Alcazar erfunden wurde, angenommen. Der *rechte* Flügel des Protestantismus jedoch, der für eine extreme wörtliche Auslegung in Reaktion gegen die Liberalen eintrat, hat Riberas Futurismus übernommen und in einigen Kreisen ihn sogar zu einem Teil der ‚evangelikalen Orthodoxie' gemacht. Das stellt einen glänzenden Triumph der Gegenreformation Roms dar" (Wahrheit für heute 1/1975, S. 22).

Hier erhebt sich allerdings die Rückfrage: Müssen Erkenntnisse, die sich aus einer literalen Deutung der Heiligen Schrift ergeben, nur deshalb falsch sein, weil sie auch von Jesuiten übernommen wurden? Daß das Papsttum in wesentlichen Punkten antichristliche Züge trägt, wird im protestantischen landes- und freikirchlichen Bereich auch heute noch von Teilen erkannt und entspricht auch meiner Erkenntnis. Aber ist es deshalb richtig, das Papsttum an sich und allein mit dem Antichristen zu identifizieren? Könnte es nicht vielmehr einer der Vorläufer des kommenden Antichristen – oder vielmehr: seines falschen Propheten (Apk 13,11 ff.) – sein? Auch die Reformatoren waren in ihren eschatologischen Erkenntnissen Kinder ihrer Zeit und nicht unfehlbar. Das gilt freilich auch für die anderen betrachteten und noch zu betrachtenden Autoren.

4.6. Post- und Prämillennialismus im Widerstreit

Die nachreformatorische Zeit ist von drei Linien gekennzeichnet:

1. von einer Kontinuität des Amillennialismus, der in der römisch-katholischen, den lutherischen und den reformierten Kirchen die bestimmende Auffassung blieb;

2. von einem neu aufkeimenden Prämillennialismus, der verschiedene Ausgestaltungen erfuhr und vor allem im pietistischen, evangelikalen und freikirchlichen Bereich wachsende Zustimmung erhielt;

3. von postmillennialistischen Modellen, die im Gefolge der Erweckungsbewegung, aber auch von säkularen Fortschrittsideen zeitweilig die Oberhand gewannen.

Im folgenden muß ich mich darauf beschränken, die wichtigsten Vertreter des nachreformatorischen Prä- und Postmillennialismus und ihre Lehren kurz zu skizzieren.

Der *Postmillennialismus* wurde maßgeblich entwickelt von den Amerikanern *Daniel Whitby* (1638–1726) und *Jonathan Edwards* (1703–1758). Edwards, ein bekannter Erweckungsprediger, wird als der „Vater" des amerikanischen Postmillennialismus bezeichnet, doch ist sein Werk ohne Whitbys Vorarbeit nicht denkbar. Whitby ging davon aus, daß während des Gemeinde-Zeitalters das Tausendjährige Reich beginnt: Die Menschheit bekehrt sich zu Christus. Die Juden siedeln sich wieder in ihrem Land an. Papst und Türken werden ein für allemal geschlagen. Friede und Gerechtigkeit herrschen auf Erden tausend Jahre lang. Erst danach kommt Christus wieder zum Jüngsten Gericht.

Besonders einflußreich war Jonathan Edwards' Buch „A History of the Work of Redemption", das posthum 1774 aufgrund mehrerer Reden herausgegeben wurde. Damit überzeugte er fast die gesamte amerikanische Nation von der beginnenden Königsherrschaft Gottes durch die Predigt des Evangeliums. Ein ungeheurer Missions- und Sendungseifer wurde dadurch entflammt. Später wurde dieses Sendungsbewußtsein zum Teil säkularisiert, verweltlicht. Übrig blieb bei vielen der Glaube an die amerikanische Nation als Reich des Guten und Vermittlerin des Friedens. Erst durch zunehmende Enttäuschungen – Verstockung breiter Massen, Kriege, bleibende Probleme in der Welt – wurde der postmillennialistische Optimismus gedämpft und nach und nach von prämillennialistischen Modellen verdrängt.

Herrschte im 18. Jahrhundert in vielen Kreisen der Postmillennialismus vor, so gewann seit dem 19. Jahrhundert der *Prämillennialismus* langsam die Oberhand. Doch erlebte auch dieser Rückschläge, etwa durch wild spekulierende Berechnungen eines eschatologischen „Heilsfahrplans". Die nicht eingetroffene Wiederkunft Christi beispielsweise, die der Begründer der Adventisten, *William Miller*, auf den 22. Oktober 1844 datiert hatte, diskreditierte den Prämillennialismus für einige Jahrzehnte. Und doch war sein Siegeszug unter den freikirchlichen Gruppen und später auch Gemeinschaftskreisen und Evangelikalen unaufhaltsam. So betrachten wir abschließend in diesem historischen Überblick die Fragen: Wie kam es zur (Wieder-)Belebung des Prämillennialismus in der nachreformatorischen Zeit? Welche Ausgestaltungen hat er erfahren? Wie ist die heutige Situation?

Die Wurzeln des nachreformatorischen Prämillennialismus sind vielfältig und umstritten. Eine akademische Grundlage für einen vordispensationalistischen Prämillennialismus wurde schon früh durch die Werke des deutschen reformierten Theologen *Johann Heinrich Alsted* (1588–1638) und den von diesem beeinflußten anglikanischen Gelehrten *Joseph Mede* (1585–1638) gelegt. Sie waren beide glühende Verfechter des Chiliasmus, ebenso wie viele auf sie folgende Vertreter einer heils- und endgeschichtlichen Schau.

4.7. Der klassische Dispensationalismus und die Vorentrückungslehre

Hier interessiert uns hingegen insbesondere der Beginn des dispensationalistischen Prämillennialismus. Dieser hängt eng mit der *Brüderbewegung (Plymouth Brethren)* um den aus der anglikanischen Kirche ausgetretenen Geistlichen *John Nelson Darby* (1800–1882) zusammen. Die Lehre Darbys im Blick auf die Eschatologie läßt sich mit folgenden Sätzen zusammenfassen:

1. Die Heilige Schrift, auch ihre prophetischen Aussagen, sind *literal* zu interpretieren (wobei „literal" beinhaltet, Geschichtsbericht als Geschichtsbericht, Bildwort als Bildwort, Gleichnis als Gleichnis zu verstehen).

2. Aus dem literalen Verständnis biblischer Aussagen und Voraussagen ergibt sich die Einteilung der Heilsgeschichte in genau voneinander abgrenzbare *Epochen (Dispensationen)* mit einem spezifischen Auftrag im Heilsplan. Daraus ergibt sich ferner die Erwartung der wirklichen Erfüllung von Prophezeiungen, etwa der alttestamentlichen Verheißungen an Abraham, David u.a. auf ein wiederhergestelltes Israel und messianisches irdisches Königreich. Dieses entsteht im Tausendjährigen Reich auf Erden.

3. Zwischen *Israel* und der *Gemeinde* ist streng zu unterscheiden. Die Bestimmung Israels ist irdisch, die Bestimmung der Gemeinde himmlisch. Die Gemeinde wird vor der Entstehung des nationalen Israel im Millennium, ja noch vor der Großen Trübsalszeit entrückt (erste, unsichtbare Wiederkunft Christi *für* die Heiligen, *Vorentrückungslehre*, Prätribulationismus). Die zweite, sichtbare Wiederkunft Christi *mit* den Heiligen erfolgt nach der Großen Trübsalszeit und zu Beginn des Millenniums, in welchem er vereint mit seiner Brautgemeinde die Herrschaft über die Erde ausüben wird. Nach dem Millennium wird Satan noch einmal losgelassen, die letzte große Schlacht erfolgt, und nach dem Weltgericht vor dem Großen weißen Thron Gottes tritt die Ewigkeit ein.

Kritik entbrannte vor allem an der strengen Trennung zwischen Israel und der Gemeinde sowie an der Vorentrückungslehre. Kritiker warfen Darby und den „Brüdern" vor, sie hätten die Vorentrückungslehre von den *Irvingianern* übernommen. „Irvingianer" war eine andere Bezeichnung für „Katholisch-Apostolische Gemeinden" um den ehemaligen schottisch-reformierten Geistlichen Edward Irving, die am Anfang des 19. Jahrhunderts entstanden, in denen man „Apostel" einsetzte und in denen übernatürliche Gaben wie Weissagung, Heilung und Zungenreden praktiziert wurden. Rein historisch über verschiedene Abspaltungen und Wandlungen sind die Irvingianer Vorläufer der Neuapostolischen Kirche.

So zitiert der schon erwähnte Autor Robert D. Brinsmead aus einem Buch des Irvingianers Robert N. Norton, das seines Erachtens den Zusammenhang zwischen dem „Geist der Weissagung", etwa im Trancereden eines Mädchens aus der Irving'ianischen „Erweckung", und der Vorentrückungslehre belegt:

„Ein wunderbares Licht wurde auf die Schrift geworfen und besonders auf die Lehre vom zweiten Advent durch den wiedererwachten Geist der Weissagung. Wir haben dafür ein Beispiel durch den folgenden Bericht von Fräulein M. M. (sc. Margaret Macdonald) – auf der an einem Abend die Macht des Heiligen Geistes mehrere Stunden lang ruhte, wobei sich Prophezeiung und Vision mengten. Zum ersten Mal sehen wir hier nämlich den Unterschied zwischen den letzten Abschnitt des Kommens des Herrn, wenn jedes Auge ihn sehen wird, und seinem vorausgehenden Erscheinen in Herrlichkeit für alle die, die auf ihn warten" (Robert N. Norton, The Restoration of Apostles and Prophets in the Catholic-Apostolic Church, 1861, S. 15; zit. nach: Wahrheit für heute, Nr. 1/1975, S. 20f.).

Brinsmead folgert: „Wenig später wurde die Idee einer heimlichen Entrückung vor der Trübsalszeit von den Plymouth-Brüdern angenommen und aufgefrischt durch die Gründung der Powercourt-Konferenzen in den Dreißigerjahren des 18. (sic!; gemeint ist: 19.) Jahrhunderts." Er zitiert Samuel P. Tregelles von der Powercourtbewegung, der schreibt: „Mir ist nicht bewußt, daß es eine deutliche Verkündigung einer geheimen Entrückung der Gemeinde bei einem geheimen Kommen gab, bevor dies als eine ‚Äußerung' in Mr. Irvings Kirche ausgegeben wurde aus der Quelle, die dann als die Stimme des Geistes angenommen wurde" (S. P. Tregelles, The Hope of Christ's Second Coming, London 1864, S. 35; zit. nach. Wahrheit für heute Nr. 1/1975, S. 21).

Diese Behauptung eines historischen Zusammenhangs zwischen Irvingianismus und Darbysmus, so muß man berücksichtigen, wurde und wird benutzt, um die darbystische Lehre zu diskreditieren. Darby selber hat einen solchen Zusammenhang in seinen Schriften nicht vertreten und sich für seine Argumentation nicht auf Visionen, sondern auf bestimmte, seiner Lehre entsprechend gedeutete *Bibelstellen* berufen (z.B. 2. Thess 2,7; Apk 3,10; das „Fehlen" der Gemeinde auf Erden in Apk 4–19 u.a.; wichtig ist für ihn auch die „70. Jahrwoche" nach Dan 9,27, die er auf die Große Trübsalszeit bezieht; vgl. zu diesen Fragen Kap. 5.6.4.). Ernest R. Sandeen meint in seinem Standardwerk über den Fundamentalismus, daß es wenig historische Evidenz für einen Zusammenhang von Irvingianismus und Darbysmus gebe (E. R: Sandeen, The Roots of Fundamentalism. British and American Millenarianism, 1800–1930, Chicago/London 1970, S. 64 f.). Und doch lassen sich Berührungspunkte nicht ganz leugnen. Wie sich die Dinge wohl wirklich verhalten haben, hat Helge Stadelmann in einem Aufsatz resümiert, der 1983 in einer Zeitschrift der deutschen Brüderbewegung erschien:

„In einer ‚Geistesoffenbarung' empfängt die ‚Charismatikerin' Margaret Macdonald im Frühjahr 1830 die Einsicht einer Auswahlentrückung einzelner Gläubiger (= Vorentrückung ‚besonders erwählter, zubereiteter und versiegelter Gotteskinder'; L. G.) vor der antichristlichen Zeit. Im gleichen Jahr ist Darby im Haus jener Frau zu Besuch – und kommt in der Folge zur Vorentrückungserkenntnis. Man wird davon ausgehen können, daß er dort einen ersten Impuls empfangen hat. Doch dann beschäftigt er sich mit der Schrift. T. Tweedy, ein ehemaliger Pfarrer der schottisch-reformierten Kirche, hilft ihm im Blick auf das Verständnis von Matth. 24, indem er vorschlägt, dieses Kapitel allein auf die Juden zu beziehen ... Beim Studium von 2. Thess. 2 bricht bei Darby dann die Vorentrückungserkenntnis voll durch. Er hat sie seitdem entschieden vertreten und einen Großteil der Brüderbewegung damit geprägt. Darby vertritt allerdings die Vorentrückung der gesamten Leibesgemeinde Jesu – und nicht wie Margaret Macdonald eine Auswahlentrückung. Die eigentliche Vorentrückungslehre geht also auf J. N. Darby zurück" (H. Stadelmann, „Die Entrükkung – vor oder nach der Trübsal? Über den Ursprung der Vorentrückungslehre", in: Die Botschaft, 124. Jhg., Dez. 1983, S. 6 f.).

Darby empfing also von den Irvingianern einen *„Impuls"*, doch die entscheidende Basis seiner Lehre ist sein Studium der Heiligen Schrift. Sicherlich ließe sich die große Überzeugungskraft, die der Dispensationalismus allgemein für weite evangelikale Kreise bis heute besitzt, nicht erklären, wenn er auf bloßen Visionen ohne biblischen Anhaltspunkt beruhte. Allerdings ist gerade der *Zeitpunkt* der Entrückung innerhalb der Evangelikalen umstritten (vgl. die Diskussion über die drei geläufigsten Modelle bei: G. L. Archer/ P. D. Feinberg/ D. J. Moo/ R. R. Reiter, The Rapture. Pre-, Mid-, or Post-Tribulational?, Grand Rapids 1984, sowie Kap. 5.6. dieses Buches). Ein weiterer Diskussionspunkt ist das Verhältnis zwischen *Israel* und der *Gemeinde*. Selbst innerhalb der „dispensationalistischen Schule" haben sich hier unterschiedliche Lager gebildet, auf die ich gleich eingehen möchte. Es ist der klassische, der modifizierte und der progressive Dispensationalismus. Vom Dispensationalismus insgesamt wiederum ist der historische Prämillennialismus zu unterscheiden.

Zum klassischen Dispensationalismus sind die eschatologischen Modelle Darbys, der Niagara-Bibelkonferenzen gegen Ende des

19. Jahrhunderts in den USA sowie des Bibelkommentators *C. I. Scofield* (1843–1921; Scofield-Bibel 1909) zu rechnen, die sich nur in Nuancen unterscheiden. Die Bedeutung der Niagara-Bibelkonferenzen liegt vor allem darin, daß sie den dispensationalistischen Prämillennialismus über die Kreise des Darbysmus und der Brüdergemeinden hinaus in die evangelikale Welt hinein ausbreiteten. Die Scofield-Bibel wurde die Bibel der „fundamentalistischen" Bewegung und verschaffte dem Dispensationalismus weltweite Beachtung. 1967 erschien „The New Scofield Reference Bible" als revidierte Fassung auf der Grundlage eines modifizierten Dispensationalismus.

4.8. Der modifizierte Dispensationalismus

Worin liegt im Blick auf die Eschatologie der wesentliche Unterschied zwischen dem klassischen und dem modifizierten Dispensationalismus, wie er seit den 50er und 60er Jahren des 20. Jahrhunderts etwa in den Werken von *Charles C. Ryrie* und *J. Dwight Pentecost* begegnet? Der Unterschied bezieht sich auf die Zuordnung von Israel und der (heiden)christlichen Gemeinde. Craig A. Blaising weist darauf hin, daß an der *Trennung zwischen Israel und der Gemeinde* zwar festgehalten wird – diese stellt etwa für Ryrie das „Sine Qua Non (entscheidendes Kennzeichen) des Dispensationalismus" dar –, aber diese Trennung wird *nicht mehr als so absolut* betrachtet, wie dies beim klassischen Dispensationalismus der Fall war. Blaising schreibt:

„Die neuen Dispensationalisten der 1950er und 1960er Jahre ... waren unzufrieden mit der Ansicht von einer bis in die Ewigkeit getrennten himmlischen und irdischen Bestimmung. Sie glaubten, daß nach dem Millennium alle Erlösten für die Ewigkeit zusammen sein würden, obwohl sie nicht darin übereinstimmten, wo dies sein würde ... Ryrie versetzt sie in den Himmel ... J. D. Pentecost weist ihnen einen Platz auf der neuen Erde zu." An der Unterscheidung zwischen Israel und der Gemeinde muß nach Ryrie jedoch ewig festgehalten werden, „selbst wenn beide endgültig im Himmel oder auf der (neuen) Erde angesiedelt sein würden" (C. A. Blaising, Dispensationalism: The Search for Definition, in: C: A.

Blaising/D. L. Bock – Eds., Dispensationalism, Israel and the Church, Grand Rapids 1992, S. 25; Übersetzung: L. G.).

So lesen wir bei Ryrie: „Daß der Dispensationalismus eine himmlische Hoffnung und Zukunft für Israel verneint, ist nicht wahr. Viele dispensationalistische Autoren und andere erkennen diesen himmlischen Ort für alttestamentliche Heilige in der Verheißung von Hebräer 12,22–23 ... Sie verstehen die ‚Geister der gerechten Vollendeten' in Bezug auf Gläubige des Alten Testaments, die ihren Platz in der himmlischen Stadt haben gleichzeitig mit der Gemeinde der Erstgeborenen. Ihr ewiger Ort im himmlischen Jerusalem ist gewiß, und in diesem himmlischen Zustand sind sie unterschieden von der Gemeinde! Die Unterscheidung wird aufrechterhalten, obwohl die Bestimmung dieselbe ist" (C. C. Ryrie, Dispensationalism Today, Chicago 1965, S. 147; Übersetzung: L. G.).

4.9. Der progressive Dispensationalismus

Der progressive Dispensationalismus, wie er seit den 70er Jahren des 20. Jahrhunderts etwa von *Robert Saucy, Darrell L. Bock und Kenneth L. Barker* vertreten wird, nimmt gegenüber einer modifizierten Form die Unterscheidung zwischen Israel und der Gemeinde noch weiter zurück. Er bewegt sich, wie Blaising es formuliert, „jenseits des Sine Qua Non" Ryries. Wichtiger als die Unterscheidung oder gar Trennung in Gestalt von Dispensationen ist ihm die *Einheit*, die durch das Opfer Jesu Christi vollbracht ist. Sein Ansatz möchte weniger anthropologisch – an dem Zustand der Menschengruppen (Israel und Gemeinde) – als vielmehr *christologisch-soteriologisch* (an Christus und seinem Heilswerk) orientiert sein. So betonen Blaising und Bock:

„Christus, der König ... erfüllt die Verheißungen der alten Dispensation (sc. des Alten Bundes). Er führt die gegenwärtige Dispensation, die des endzeitlichen Geistes, durch seinen Sühnetod, seine Auferstehung und Herrschaft ein. Er ist der eine, der kommen wird, um die Wiederherstellung aller Dinge zu vollenden. Der Dispensationalismus dieses Buches unterscheidet sich von dem unmittelbar vorausgehenden Dispensationalismus und Scofieldismus durch die Tatsache, daß er, anstatt anthropologisch auf zwei Völker ausgerichtet zu sein, christologisch zentriert ist. Die Bewegung von den vergangenen zu den gegenwärtigen und dann zu zukünftigen Dispensationen rührt nicht von einem Plan für zwei verschiedene Arten von Völkern her, sondern vielmehr von der Geschichte, die darin beruht, daß Christus den Plan der ganzheitlichen Erlösung in fortschreitenden Phasen (Dispensationen) erfüllt" (C. A. Blaising/ D. L. Bock, a.a.O., S. 382 f.).

Neue theologische Erkenntnisse auf exegetischem und historischem Gebiet haben viele Dispensationalisten dazu geführt, „die transzendentale Unterscheidung zwischen himmlischen und irdischen Völkern aufzugeben zugunsten einer historischen Unterscheidung in bezug auf die fortschreitende Offenbarung des göttlichen Vorsatzes" (a.a.O., S. 33). Diese fortschreitende Offenbarung hat dem progressiven Dispensationalismus den Namen gegeben: „It is *continuity through progress*, the progress of promissory fulfillment". „Es ist Kontinuität durch Fortschreiten, das Fortschreiten der Erfüllung von Verheißungen" (a.a.O., S. 381). Israel und die Gemeinde werden zwar weiterhin als Völker mit verschiedenen Verheißungen und Aufträgen betrachtet, aber spätestens in der Ewigkeit ist diese Unterschiedenheit völlig aufgehoben:

„... es ist ein Segen des einen neuen Bundes, der beide Dispensationen eint. Dieser setzt sich sogar fort, während die Erlösung sich ausdrückt in einem nationalen, politischen Maßstab, nach dem alle Nationen in Frieden leben, ausgerichtet auf Zion, das neue Jerusalem, von welchem aus der Sohn Davids, der Christus Israels und der Nationen, regiert. Israel und die Nationen auf der einen Seite und die Gemeinde auf der anderen Seite sind weder ersatzweise noch parallele, zweigleisige Völker, sondern unterschiedliche Dimensionen der Erlösung der gleichen Menschheit ... In der Theologie der Heilsepochen im Epheserbrief ist die letzte Heilsepoche eine solche, in der alle Dinge in Christus vereint sein werden. Das ist keine Einheit, die alle möglichen Unterschiede auslöscht, sondern die sie in einer nie zuvor gesehenen Weise harmonisiert. Das Modell und Prinzip für diese Einheit ist Christus, in dem Menschheit und Gottheit nicht ununterschieden dargestellt wurden, aber doch harmonisiert waren in der Einheit seiner Person auf eine Weise, die die Grenzen menschlicher Sprache herausfordert" (a.a.O., S. 384).

4.10. Der historische Prämillennialismus

Mit dieser Einschränkung des Unterschieds zwischen Israel und der Gemeinde nähert sich der dispensationalistische Prämillennialismus neuerdings mehr und mehr einem historischen Prämillennialismus an, wie er etwa von *George E. Ladd* vertreten wird. Der historische Prämillennialismus beansprucht, ohne Ausmalung dispensationalistischer Lehren unmittelbar an die *frühen Kirchenväter* anzuknüpfen, die seines Erachtens prämillennialistisch, aber nicht dispensationalistisch dachten und insbesondere die strenge Trennung zwischen Israel und der Gemeinde noch nicht kannten.

Historische Prämillennialisten lehren, daß die *Gemeinde das geistliche Israel* ist und daß die Bundesverheißungen an Israel auf die Gemeinde übergegangen sind. Ein Millennium wird zwar erwartet, doch ist dieses nicht auf ein nationales Israel ausgerichtet, sondern auf die Herrschaft der Gemeinde mit Christus. Auch wird die Gemeinde erst nach der Trübsal entrückt, ist also in der Zeit der Bedrängnis noch vorhanden. Mt 24 und andere Stellen werden daher auf die Gemeinde bezogen *(Posttribulationismus).* Die Rolle Israels ist damit nicht ausgeschlossen, tritt aber deutlich zurück. Eine Dichotomie (Zweiteilung) zwischen Israel und der Gemeinde wird abgelehnt. Das sind die wesentlichen Unterschiede zum dispensationalistischen Prämillennialismus.

Prüft man den exegetischen Befund (z.B. Eph 2,11 ff.), so fällt es in der Tat schwer, Israel und die Gemeinde als ausschließliche Gegenätze zu behandeln. Das wird deshalb heute auch kaum noch getan. Daß trotz der gemeinsamen Zielbestimmung *Unterschiede* zwischen Israel und der Gemeinde vorhanden sind, wird kaum jemand leugnen, auch nicht die Vertreter eines historischen Prämillennialismus. Doch trotz dieser Unterschiede die *Einheit* festzuhalten und die Betonung auf diese Einheit zu legen – dieses Verdienst kommt unbestreitbar dem progressiven Dispensationalismus zu.

5. **Was kommen wird.** Skizze einer eigenen eschatologischen Position

5.1. Die Bedeutung der Hermeneutik für die Prophetie-Auslegung

Die Geschichte der eschatologischen Deutungsmodelle ist im wesentlichen eine Geschichte der Hermeneutik, verbunden mit bestimmten theologischen und philosophischen Grundvoraussetzungen.

Jede Art von Auslegung hat mit einer spezifischen *Hermeneutik* (Verstehenslehre) zu tun. Amillennialistische und postmillennialistische Modelle nehmen sehr stark spirituelle und bildliche Deutungen der biblischen Aussagen vor. Der Prämillennialismus dagegen beansprucht, den möglichst wörtlichen Sinn gerade auch der eschatologischen Stellen zu beachten. Das hängt damit zusammen, daß die Heilige Schrift an jeder Stelle nur *einen* Sinn hat. Dieser Sinn muß sich ergeben nach gewissen Regeln.

Die Schrift hat nur einen wörtlichen bzw. *Literalsinn (sensus literalis)*, der unterschiedlich angewendet werden kann. Aber es ist immer herauszufinden, was an der jeweiligen Stelle als Wortsinn zu verstehen ist. Dies ergibt sich vom *Kontext* (Wortzusammenhang) her.

Luther und Calvin haben, obwohl sie in der Eschatologie nicht prämillennialistisch gedacht haben, sondern amillennialistisch, trotzdem die Grundregel aufgestellt, daß der sensus literalis Vorrang besitzt vor allen anderen Deutungsmöglichkeiten. Wir sollten jedes Wort in seiner natürlichen Bedeutung stehen lassen und diese erst dann aufgeben, wenn der Glaube uns dazu zwingt. *Die Heilige Schrift legt sich selber aus* – von ihrem Gesamtzusammenhang und dem sich daraus ergebenden Wortsinn der einzelnen Bibelstellen her, ohne Hinzufügungen (z.B. „neue Prophezeiungen", Träume, Visonen u.ä.) oder Abstriche (z.B. durch Bibelkritik).

Nun ist es natürlich nicht immer so einfach zu erkennen, was der Wortsinn ist. Aber es gibt gewisse *Regeln* dafür, etwa grammatikalische Kenntnisse, die man besitzen sollte. Dann kommen historische und zeitgeschichtliche Umweltkenntnisse hinzu, welche die Entstehungsgeschichte des Textes erhellen können. Wichtig ist vor allem die Beachtung des unmittelbaren und weiteren Kontextes. Der unmittelbare Kontext ist der Textzusammenhang, der dieser Stelle unmittelbar vorausgeht oder sie abschließt. Der weitere Kontext bezieht sich auf das vollständige konkrete biblische Buch, in dem die Stelle steht, ja auf die Bibel insgesamt.

Die Notwendigkeit des Glaubens, der Erleuchtung durch den Heiligen Geist *(pneumatische Exegese)* ist ebenso wichtig. Luther hat betont, daß die Heilige Schrift *„Christus treibt"*, d.h. daß alles in ihr auf Christus hinzielen sollte, ohne daß wir freilich alttestamentliche Stellen überinterpretieren. Das sollte nicht sein, aber man kann durchaus heilsgeschichtliche Zusammenhänge, das Wechselspiel von *Verheißung und Erfüllung* auch schon im Alten Bund sehen (vgl. Kap. 2.3.).

Alle Irrtümer in der Theologie entstehen durch eine falsche Deutung der Heiligen Schrift, vor allem durch die Vernachlässigung der einfachen, klaren Schriftworte und durch die übertriebene Vorliebe für oft unklare bildliche Ausdrücke und höchst subjektive Hypothesen.

Im Mittelalter bevorzugte man den vierfachen Schriftsinn: Literalsinn, allegorischer Sinn, anagogischer Sinn und moralischer oder mystischer Sinn. Demgegenüber gilt es festzuhalten am einfachen, wörtlichen Sinn – nach Luther: am einfachen und sicheren, buchstäblichen Wortsinn.

Wichtig ist eine Regel, die schon Thomas von Aquin aufgestellt hat: nämlich daß ein *Bildwort* eben gerade der Wortsinn sein kann, wenn der Kontext dies erfordert. Wenn also die Heilige Schrift davon spricht, daß Gott einen „Arm" hat und durch seinen Arm alles bewegt oder hält, dann ist dies ganz klar ein Bildwort vom Wortsinn her. Wenn man es aber in der Art wörtlich nähme, daß man sagte, Gott hätte einen Arm genau wie ein Mensch, dann wäre dies eine Fehlinterpretation.

So ist meines Erachtens die Bildsprache in Daniel, der Johannesoffenbarung usw. in Details als Bildsprache ernstzunehmen, aber die Gesamtbeschreibungen, in welche diese Bilder eingeordnet sind, entsprechen wirklichen historischen Abläufen. Hierzu einige Beispiele:

Das Standbild in Daniel 2 und die vier Tiere in Daniel 7 sind Bilder, aber das, was sie ausdrücken, spielt sich wirklich in der Geschichte ab (nämlich die Abfolge weltgeschichtlicher Reiche). Oder: Die Kette in Offb 20,1 f., an welche Satan angebunden wird, ist ein Bild aus dem irdischen Bereich, um zu verdeutlichen, daß Satan in dieser Zeit die Macht von Gott genommen wird. Aber auch wenn die „Kette" ein Bild ist, drückt sie doch eine Realität in der (künftigen) Geschichte aus: die Bindung Satans durch Gott.

Bei den Bildern und Vergleichen in den Gerichtsvisionen der Johannesoffenbarung (z.B. „Heuschrecken, die aussehen wie Rosse, die zum Krieg gerüstet sind ... sie hatten Panzer wie eiserne Panzer ..."; Offb 9,7.9) gibt es sicherlich einen gewissen Interpretationsspielraum (z.B. die „Heuschrecken" als „Beschreibung moderner Panzer" oder als „Ideologien"), doch sollte man auch in solchen Fällen die Deutung bevorzugen, die der wörtlichen Aussage näher liegt (somit wäre die Deutung als „Ideologien" unwahrscheinlicher).

Die wörtliche Deutung ist eher in den historischen als in den poetischen Büchern der Schrift beizubehalten. Die wörtliche Deutung muß aufgegeben werden, wenn sie unpassend ist, d.h. wenn sie eine Unmöglichkeit in sich schließt und gegen die lehrmäßigen und moralischen Richtlinien der gesamten Heiligen Schrift verstößt.

Schließlich besagt eine bereits von Augustin aufgestellte exegetische Grundregel, daß unklare Bibelstellen von den *klaren Stellen* her zu verstehen und auszulegen sind – und nicht umgekehrt. Wie viel Verwirrung ist in der Kirchen- und Sektengeschichte – gerade auf dem Gebiet der Eschatologie – schon entstanden, weil diese einfache Regel nicht beachtet wurde und man aus geheimnisvollen Stellen großartige, aber falsche Lehrgebäude konstruiert hat!

Nun wenden wir uns zentralen Fragen der Eschatologie im Einzelnen zu.

5.2. Das Leben nach dem Tod

Ist der Mensch eine Seele oder hat er eine Seele? Ist die Seele unsterblich? Was geschieht nach dem Tod? Existiert eine Hölle? Gibt es eine ewige Verdammnis? Mit diesen Fragen werden wir uns in diesem Kapitel beschäftigen.

5.2.1. Was heißt „Seele"?

Ist der Mensch (als Ganzheit) eine lebendige Seele – oder *hat* er eine Seele? Die Bibel sagt *beides*. Daß der Mensch als *„nefesch haja"* (hebr.: „lebendige Seele"; man könnte auch allgemeiner übersetzen: „lebendiges Wesen") von Gott erschaffen wurde, geht deutlich aus der grundlegenden Stelle 1. Mose 2,7 hervor: „Da machte Gott JHWH den Menschen aus Erde vom Acker und blies ihm den Odem des Lebens in seine Nase. Und so ward der Mensch ein lebendiges Wesen *(nefesch haja)*." Der Alttestamentler Claus Westermann kommentiert diese Stelle so:

„... der Mensch besteht nicht aus mehreren Bestandteilen (wie Leib und Seele o. ä.), sondern er besteht in einem ‚Etwas' [Staub vom Ackerboden; L. G.], das durch die Belebung zum Menschen wird ... der Mensch bekommt nicht den Atem Gottes in sich, sondern Gott bläst ihm Lebensatem ein ... Der ‚Lebensatem' bedeutet also einfach die Lebendigkeit, das Einhauchen des Lebensatems die Belebung des Menschen ... Der von Gott geschaffene Mensch ist der lebendige Mensch ... der Mensch wird zur *nefesch haja* geschaffen, es wird nicht in seinen Körper eine ‚lebendige Seele' hineingegeben. Der Mensch in seinem Lebendigsein ist ganzheitlich verstanden" (C. Westermann, Genesis. Kapitel 1–11, BK I/1, Neukirchen-Vluyn, 2. Aufl. 1976, S. 282 f.).

Der Mensch ist also als Ganzer eine „lebendige Seele", die Gott aus Erde geformt und mit seinem Lebensatem erfüllt hat. Aber weil der „nefesch"- und „psyché"-Begriff im Alten und Neuen Testament weiter gefaßt wird und eine Reihe von Bedeutungsnuancen aufweist, kann er auch noch anders verwendet werden, nämlich in folgenden Bedeutungen: „seine Seele (psyché) ist in ihm (en auto)" (Apg 20,10; vgl. 1. Kön 17,21 f.); „Seelen besitzen (ta echonta psychas)" (Offb 8,9) u. ä. Es gibt in der Bibel auch Stellen, die von einer Unterscheidung oder gar Trennung von Leib und Seele handeln, z.B. Mt 10,28: „Fürchtet euch nicht vor denen, die den Leib töten und die Seele (psyché) nicht töten können; fürchtet euch aber vielmehr vor dem, der Leib und Seele verderben kann in der Hölle."

Im Theologischen Begriffslexikon zum Neuen Testament werden folgende Bedeutungsnuancen der Begriffe *„nefesch"* (hebr.) und *„psyché"* (griech.) in der Heiligen Schrift aufgelistet und durch Bibelstellen belegt: „der Sitz des Lebens oder das *Leben*", „das ganze *natürliche* Sein und Leben des Menschen", „lebendige Seele", „das *innermenschliche* Leben ... Ich, Person, Persönlichkeit, mit den verschiedenen Kräften der Seele ... Person mit allen Kräften des Bewußtseins", „die Lebendigkeit *und* die Seite des Willens und Gemütes im Menschen", *„das eschatologische Leben"*, „jene Größe, innerhalb deren sich Tod und Leben, Verderben und Seligkeit entscheiden" (TBLNT II/1977, S. 1.116 ff.).

Will man diese verwirrende Breite der Definitionen (und das sind noch nicht alle) auf einen Nenner bringen, dann kann man so formulieren: *„Seele" ist ein Begriff, der sich sowohl auf die menschliche Person als Ganze als auch auf deren wesentliche Eigenschaften und Befindlichkeiten beziehen kann.*

5.2.2. Ganztod oder nachtodliche Existenz?

Altes und Neues Testament beschreiben den Menschen als „Seele", aber auch als „Geist-Seele-Leib"-Einheit, die beim leiblichen Tod zeitweise aufgelöst und bei der leiblichen Auferstehung wiederhergestellt wird. In der dazwischenliegenden Zeit (Zwischenzustand zwischen irdischem Tod und Auferstehung am Jüngsten Tag) existiert der Mensch als Person weiter, wenn auch ohne irdisch-materiellen Leib. Die Personkontinuität zwischen irdischem Tod und Auferstehung kann man als Weiterleben des menschlichen Ichs – oder auch: der „Seele" – bezeichnen, ohne damit heidnisch-platonischen Vorstellungen von einer „Unsterblichkeit der Seele" zu huldigen (s.u.). *„Seele"* ist in diesem Sinne *die den materiellen Tod überdauernde Personalität des Menschen.*

Biblische Texte wie Mt 10,28; Lk 16,19–31; 1. Petr 3,19 sowie alttestamentliche Aussagen über den Scheol (ich gehe darauf zum Teil noch ausführlicher ein) sind deutliche Hinweise darauf, daß es einen *Zwischenzustand* – und damit auch ein Weiterexistieren des Menschen nach seinem irdischen Tod – gibt. Die „Ganztod"-Hypothese (sie besagt, daß der Mensch bei seinem irdischen Tod ganz und gar stirbt) ist daher mehr als fraglich. Mit Martin Luther und Fritz Heidler (der sich u.a. auf Luther beruft) bin ich der Ansicht, daß die Bibel „von der seelischen Weiterexistenz der verstorbenen Personen im Zwischenzustand" redet, und daß Gott „die Seele unsterblich und ewig schafft", um „die Ich-Kontinuität zu bewahren und so die Auferstehung der Toten in personaler Identität zu ermöglichen" (F. Heidler, „Ganztod oder nachtodliche Existenz?", Theologische Beiträge Nr. 4/1985, S. 169 ff.).

Wolfgang Trillhaas hat darauf aufmerksam gemacht, daß *Auferstehung und Unsterblichkeit* keine Gegensätze sind, sondern einander bedingen. Unsterblichkeit und Auferstehung verhalten sich zueinander wie Schale und Kern, wie Anfang und Vollendung. Die Auferstehung ist „ein Modus des Glaubens an die Unsterblichkeit". Sie kann „nur dann gedacht werden, wenn ein Leben jenseits des Todes überhaupt im Horizont der Denkbarkeit liegt" (W. Trillhaas, „Einige Bemerkungen zur Idee der Unsterblichkeit", Neue Zeitschrift für Systematische Theologie, 1965, S. 147 ff.).

Wenn in der Bibel davon die Rede ist, daß *die „Seele" stirbt* (z.B. in 4. Mose 23,10; 1. Kön 19,4), ist damit immer der Mensch als ganzer (weite Bedeutung), aber niemals die Seele als Beschaffenheitselement des Menschen (enge Bedeutung) gemeint. Das gilt insbesondere für Stellen wie Hes 18,4. Wenn es dort heißt „Die Seele, die sündigt, soll sterben" ist damit selbstverständlich der Mensch in seiner geistig-seelisch-leiblichen Gesamtheit gemeint, denn eine isolierte Seele könnte weder sündigen noch sterben.

Sterblichkeit ist eine Eigenschaft, welche im Neuen Testament nur in Verbindung mit dem *irdischen Leib* gebraucht wird (vgl. Röm 6,12; 8,11; 1. Kor 15,53 f.; 2. Kor 4,11; 5,4). Denn der irdische Leib gehört zur Sphäre des Sichtbaren und Vergänglichen (2. Kor 4,18). Der neue Leib aber, welcher dem in seiner personalen Kontinuität weiterexistierenden Menschen bei der Auferstehung am Jüngsten Tag zuteil wird, ist unvergänglich (1. Kor 15,35–54; 2. Kor 5,1–10; Phil 3,21).

Auch wenn es somit nach biblischer Lehre eine Unsterblichkeit des Menschen (oder – wenn man so will: der Seele) gibt, ist diese Auffassung von der Unsterblichkeit mit den heidnisch-platonischen Vorstellungen keineswegs identisch. Die *Unterschiede zwischen biblischer und heidnisch-platonischer Unsterblichkeitsauffassung* sind gravierend. Es handelt sich vor allem um folgende vier Punkte:

a. Die platonische Philosophie betrachtet den *Leib* als *„Kerker der Seele“* und wertet ihn damit gegenüber dem Seelisch-Geistigen ab. – In der Bibel hingegen wird betont: „Das Wort wurde Fleisch“ (Joh 1,14). Der Mensch ist als Ganzheit *„sehr gut“* geschaffen worden (1. Mose 1,31). In der Bibel ist der Leib niemals zweitrangig, sondern wird als gute Schöpfung Gottes betrachtet.

b. Der platonischen Philosophie ist eine Auferstehung des Leibes fremd. Nach ihrer Vorstellung *entkommt* beim Sterben die Seele wie ein Schmetterling dem Körper. – Die Bibel legt hingegen die Betonung darauf, daß nach einem nur zeitweiligen leibfreien Zwischenzustand („Nacktsein“, „Entkleidetsein“; vgl. 2. Kor 5,1–10) die *leibliche Auferstehung* erfolgt. Der irdische Leib stirbt zwar; das leibliche Dasein des Menschen wird aber dadurch keineswegs abgewertet, was in der leiblichen Auferstehung Christi und der vorausgesagten zukünftigen leiblichen Auferstehung aller Menschen zum Ausdruck kommt (1. Kor 15). Die Seligkeit der Seelen wird daher in der Heiligen Schrift immer verstanden „unter dem Gesichtspunkt der Auferstehung des Leibes, also einer neuen Leiblichkeit der Seelen“ (TBLNT II/1977, S. 1.119).

c. Die platonische Philosophie lehrt, daß nach dem Tod *„das Göttliche im Menschen“* zu „Gott“ (stark pantheistisch verstanden) zurückkehrt. Unsterblichkeit wird hier als eine qualitative Veranlagung betrachtet, die jedem Menschen *von Natur aus* eignet – unabhängig von irgendeiner Beziehung zu einem personalen Gott. – Die Bibel kennt ein solches „Göttliches“ nicht, das im Menschen veranlagt sei, sondern spricht von der *Sündenverfallenheit* jedes Menschen von Natur aus und dem daraus resultierenden Tod, dem bei zu irdischen Lebzeiten versäumter Umkehr die ewige Verdammnis folgt. Das ewige Leben – verstanden als ewiges Heil – ist ganz allein Gottes Gabe und freies Geschenk (Röm 6,23; Mt 25,31 ff.; Offb 21,11–15). Gott allein besitzt Unsterblichkeit (1. Tim 6,16), aber er *verfügt* über die Unsterblichkeit und verleiht sie dem Menschen – zum ewigen Heil oder ewigen Unheil (s.u.).

d. Die platonische Philosophie geht von einer *Präexistenz* des Menschen (Existenz vor seiner Zeugung) – zum Teil sogar verbunden mit einer „Seelenwanderung" – aus, während die Bibel das klar verneint. Die Bibel kennt zwar einen *Plan* Gottes für das Leben des Menschen vor seiner Zeugung (vgl. Ps 139,16; Jer 1,5) und eine ewige *Erwählung* von Menschen durch Gott (Eph 1,4); aber von einer Existenz des Menschen vor seiner Zeugung ist dabei nicht die Rede. Der Präexistenzgedanke findet sich in der Bibel allein im Blick auf den Logos Jesus Christus (Joh 1,1 ff.; 8,58; Phil 2,5 ff.). Dem Menschen ist es gesetzt, „*einmal* zu sterben, danach aber das Gericht" (Hebr 9,27).

5.2.2. Gibt es eine Hölle?

Nun stellt sich die nächste Frage: Ist die Lehre von der Hölle biblisch oder nicht? Was ist mit „Hölle" gemeint? Was bedeutet das Verständnis von „Hölle" für den Menschen?

Betrachten wir den deutschen Begriff *„Hölle"* etwas näher, so sehen wir, daß er ungenau ist. Mit dem deutschen Wort „Hölle" wurden – etwa in Martin Luthers Bibelübersetzung – ganz unterschiedliche hebräische und griechische Begriffe zusammengefaßt. So ist von den biblischen Sprachen her zu unterscheiden (wenn auch nicht immer mit letzter Klarheit zu scheiden) zwischen:

– *Abyssos* (griech.) als dem „Abgrund", der „Unterwelt", insbesondere als „Gefängnis bestrafter Dämonen" (Lk 8,31; Offb 9,1 f.); eine ähnliche Bedeutung hat *Tartaros* (2. Petr 2,4);

– *Scheol* (hebr.) bzw. *Hades* (griech.) als dem vorläufigen, zwischenzeitlichen Aufenthaltsort der immateriellen Persönlichkeit (= „Seele") bis zur Auferstehung, und zwar sowohl der Gerechten wie der Ungerechten, die durch eine tiefe Kluft voneinander getrennt sind; der Teil, in dem die Gerechten leben, ist der *„Schoß Abra-*

hams" (Lk 16,22) oder das *„Paradies"*, das (*nach* der Auferstehung und Himmelfahrt Christi!) mit dem „dritten Himmel" gleichgesetzt werden kann und insofern vielleicht eine Ortsveränderung erfahren hat (Lk 23,43; 2. Kor 12,2–4);

– *Gehenna* (griech.) als der endgültigen Feuerhölle für die Verlorenen (benannt nach dem aram. „gehinnam", dem „Tal Hinnom" im Süden Jerusalems, in dem bis zur Zeit Josias Kinderopfer durch Verbrennen dargebracht wurden und das als Stätte des göttlichen Gerichts galt; s.u.).

Im „Theologischen Begriffslexikon zum Neuen Testament" werden Hades und Gehenna so definiert:

„Für das NT ist die ... *gehenna* eine präexistente Größe (Mt 25,41), ein feuriger Abgrund (Mt 13,42.50). Sie ist der Ort der endzeitlichen Strafe nach dem jüngsten Gericht, die ewig dauert (Mt 25,41.46; 23,15.33). Es werden Leib und Seele in ihr gerichtet (Mk 9,43.45.47 f; Mt 10,28). Sie ist also zu unterscheiden vom Hades, der in der Zeit vor der Auferstehung die Seelen der Verstorbenen beherbergt" (TBLNT I/1977, S. 713).

Wie sind die biblischen Passagen zu interpretieren, in denen die Begriffe „Scheol", „Hades", „Gehenna" und „Feuersee" vorkommen? Sind es Symbolbegriffe und symbolische Geschichten (dies behaupten außer Sekten wie z.B. den Zeugen Jehovas auch andere Anhänger der „Annihilation" und des „Konditionalismus") – oder handeln sie von einer Wirklichkeit jetzt und in zukünftiger Zeit? Ist die Gehenna ein Ort des „Heulens und Zähnklapperns", wie es Jesus mehrmals formuliert (s.u.)?

Zunächst ist festzustellen, daß die Begriffe *„scheol"* und *„hades"* nicht das Grab, sondern die Unterwelt als Aufenthaltsort der Toten, das *Totenreich* bezeichnen (vgl. verschiedene theologische Lexika: THAT II/1984, Sp. 837 ff.; Bauer 1971, Sp. 32 f.; EWNT I/1980, Sp. 72 f.; ThWAT VII/1993, Sp. 901 ff.). Der gewöhnliche Begriff für „Grab" hingegen ist im Hebräischen „qeber", im Griechischen „taphos" oder „mnemeion". Die Scheol unterscheidet sich u.a. dadurch vom Grab, daß sie sich in sehr großer „Tiefe" befindet (5. Mose 32,22; Hiob 11,8; 26,5; Jes 14,15), durch „Tore" verschlossen ist (Ps 9,14; Jes 38,10; vgl. Mt 16,18) und daß man in sie „hinabsteigen“ oder „hinabfahren“ kann (1. Mose 37,35; 4. Mose 16,23; Hiob 7,9; Ps 9,18), während man in das Grab hineingelegt wird.

In der Scheol herrscht zwar Weltvergessenheit (Hiob 14,21; Pred 9,5 ff.), aber nicht Bewußtlosigkeit, sondern *Wahrnehmungsfähigkeit und Aktivität.* Entsprechende Bibelstellen (z.B. Jes 14,9–17; Hes 31 f.; Hiob 14,18–22; 26,5; vgl. Lk 16,19–31) mögen zwar bildhafte Elemente im Blick auf Detailschilderungen enthalten, aber die Berichte als Ganze weisen m.E. doch deutlich auf eine Existenz nach dem Tode hin. Gegenüber alttestamentlicher Zeit hat der Begriff „scheol/hades“ im Neuen Testament eine Sinnerweiterung erfahren: „... über die alte Verwendung als Bezeichnung der gesamten Totenwelt hinaus kann das Wort den zwischenzeitlichen Aufenthaltsort entweder aller Toten oder der Seelen der Gottlosen meinen“ (THAT II/1984, Sp. 841).

Im Unterschied hierzu bezeichnet *„gehenna“* den endgültigen Bestimmungsort der Verdammten, die *ewige Feuerhölle.* Die damit verbundene Realität wird im Neuen Testament folgendermaßen gekennzeichnet:
– Heulen und Zähneklappern (Mt 8,12; 13,42.50; 22,13; 24,51...)
– Finsternis (Mt 22,13; 2. Petr 2,4.17; Jud 6)
– Feuer (Mt 3,10; 13,40; Joh 15,6)
– ewiges Feuer (Mt 18,8; 25,41; Mk 9,43)
– Feuer und Schwefel (Offb 14,9 ff.)
– Feuersee (Offb 20,14 f.)
– Feuer- und Schwefelsee (Offb 20,10; 21,8)
– feuriger Pfuhl (Offb 19,20; 20,15)
– Feuerofen (Mt 13,41 f. 50)
– Strafe ewigen Feuers (Jud 7)
– unauslöschliches Feuer (Mk 9,43.48; Lk 3,17)
– nicht sterbender Wurm (Mk 9,48; vgl. Jes 66,24)
– Qual (Offb 14,11; vgl. Lk 16,23 ff.)

Selbst wenn man davon ausgeht, daß diese Charakterisierungen ganz oder teilweise bildlich gemeint sein sollten, so sind doch entsetzliche Wirklichkeiten erkennbar: Gottesferne, Finsternis und quälende Schmerzen. Die drastischen Hinweise auf quälende Schmerzen in der Gehenna lassen sich m.E. nicht mit einer Auslöschung oder Vernichtung der Existenz vereinbaren, wie Vertreter der Annihilations-Theorie behaupten. Würde der Mensch bei seinem irdischen Tod wirklich ausgelöscht, dann wäre der Hinweis auf das „ewige“ oder „unauslöschliche Feuer“ (to pyr to asbeston), den „nicht sterbenden Wurm“ (ho skolex ou teleuta) und die damit verbundene Qual überflüssig, ja unverständlich. Nirgends in der Heiligen Schrift findet sich ein klarer Beleg dafür, daß dieses „Feuer“ ein einmaliger Vernichtungsakt sei, welcher die Existenz des Menschen beende, sondern es wird im Gegenteil seine ewige Dauer (aionios; s.u.) betont.

Wenn von „Hölle“ als dem ewigen Schicksal der Verdammten in der Bibel die Rede ist, so werden hierfür durchgehend Begriffe gebraucht, die ein Schaudern und Erschrecken hervorrufen. Die Gehenna ist nicht unwirklich, irdisch, zeitlich, leer, das Fegefeuer, die Vernichtung oder der Zustand zwischen Wiederverkörperungen, wie von unterschiedlichen Lehrrichtungen behauptet wird. Sie ist vielmehr der Ort ewiger Bestrafung, Qual und Gottesferne.

Auch die Tatsache, daß „der Tod und sein Reich“ in den feurigen Pfuhl geworfen werden (Offb 20,14) spricht nicht gegen die Realität der Gehenna. Vielmehr kommt durch diese Formulierung der Übergang vom Totenreich (Scheol, Hades) als Zwischenzustand (vgl. den Kontext in Offb 20,12 f.!) zur endgültigen Stufe der ewigen Verdammnis zum Ausdruck. Die Scheol wird aufgelöst – und das heißt: alle, die in ihr sind, werden ihrer endgültigen Bestimmung preisgegeben.

Nun wird von verschiedenen Seiten behauptet, daß „ewig“ *(aionios)* nicht einen unaufhörlichen Zustand der Qual, sondern die Folge eines einmaligen Aktes der Auslöschung bezeichne: das niemals endende Vernichtetsein. Diese Argumentation stimmt nicht mit dem neutestamentlichen Gebrauch des Begriffes „aionios“ überein, der eine unaufhörliche Dauer zum Ausdruck bringt (vgl. Bauer 1971, Sp. 55 f.).

Ferner läßt sich darauf antworten, daß das gleiche griechische Wort „aionios“, welches im Neuen Testament für die „ewige Verdammnis“ gebraucht wird, auch auf Gott und seine Segnungen Anwendung findet. René Pache hat errechnet, daß das Neue Testament

„aionios“ „vierundsechzigmal auf himmlische und selige Wirklichkeiten der anderen Welt“ anwendet: „der ewige Gott, Seine ewige Macht, der ewige Geist, das ewige Leben, das ewige Evangelium, das ewige Reich, das ewige Heil, die ewige Erlösung, der ewige Bund, das ewige Erbe, die ewige Herrlichkeit, der ewige Trost, die ewigen Hütten, die ewigen Zeiten, die ewigen unsichtbaren Dinge“. Siebenmal findet es Anwendung auf Kennzeichen der Verdammnis: Mt 18,8; 25,41; Jud 7: das ewige Feuer; Mt 25,46: die ewige Pein; Mk 3,29; Hebr 6,2: das ewige Gericht; 2. Thess 1,9: das ewige Verderben. Bei den Kennzeichnungen Gottes und der Eigenschaften der Seligkeit steht außer Frage, daß „aionios“ „ewig“ im Sinne einer Dauer ohne Ende meint, nicht nur eine andere „Daseinsqualität“. Pache fragt zu Recht: „Wie kann ein Wort, das vierundsechzigmal ‚ewig‘ bedeutet, sieben andere Male einen anderen Sinn haben?“ (R. Pache, Das Jenseits, Wuppertal 1957, S. 163 f.). Wenn die Bibel somit von einer ewigen Qual der Dämonen und gottlosen Menschen spricht, folgt daraus, daß sie nicht einfach vernichtet werden.

Ferner wird immer wieder das im Neuen Testament gebrauchte Wort *„apoleia“* ins Feld geführt, das angeblich „Vernichtung“ bedeuten soll. Aber es gilt: „*Apollusthai* ist nun [sc. im Neuen Testament] im Gegensatz zum *sozesthai* oder zur *zoe aionios* ein definitives Scheitern, nicht einfach das Erlöschen der physischen Existenz, sondern das ewige Versinken im Hades, ein hoffnungsloses Todesgeschick ... Einfaches Erlöschen der Existenz ist auch hier nicht gemeint ..., sondern ein nicht endender qualvoller Todeszustand“ (ThWNT I, S. 395 f.).

Vom biblischen Befund her ist nämlich festzustellen, daß „apollymi“, „apoleia“ und die wurzelverwandten Formen eine ganze Reihe von Bedeutungen haben können: „verlieren“ (Mt 10,6.39; 15,24; 16,25; 18,11.14; Lk 15,4.6.8.9.24.32 u.a.); „verderben“ (Mt 7,13; 9,17; 10,28; 2. Petr 2,1; Offb 17,8.11 u.a.); „verschwenden“ (Mt 26,8; Mk 14,4); „umbringen“ (Mt 2,13; 12,14; 21,41 u.a.); „umkommen“ (Mt 5,29 f.; 26,52 u.a.). Apoleia hat somit nicht in erster Linie die Bedeutung von „vernichten“, sondern von „verloren gehen“, von „Untergang“. Apoleia ist „nicht der Verlust der Existenz, sondern das Ende einer wohlbefindlichen Existenz“ (H.-

J. Ronsdorf, Und die Toten leben doch. Die Unsterblichkeit der Seele, Bielefeld 1992, S. 150).

Alle Annihilationisten sind zu fragen: Wenn es *keine* Weiterexistenz des Menschen unmittelbar nach dem Tode geben soll, sondern die Ungerechten vernichtet werden und die Gerechten noch auf ihre Neuerschaffung warten, wie lassen sich dann folgende biblischen Berichte erklären?

– Bei der Verklärung (Mt 17,1–8 parr.) erschienen Jesus und drei Jüngern die alttestamentlichen Gestalten Mose und Elia. Wie hätten sie diesen erscheinen können, wenn sie zu diesem Zeitpunkt nicht mehr (oder noch nicht) existiert hätten?

– Wie könnte Paulus sagen, er wünsche sich „abzuscheiden und bei Christus zu sein“ (Phil 1,23) und „nicht entkleidet, sondern überkleidet (verwandelt)“ (2. Kor 5,4) zu werden, wenn sich nicht unmittelbar an den irdischen Tod eine Weiterexistenz anschließt?

– Wie könnten die getöteten Zeugen Jesu Christi unter dem himmlischen Altar Gott um sein Eingreifen bitten und wie könnte ihnen geantwortet werden, sie sollten „noch eine kurze Zeit abwarten, bis auch ihre Mitknechte und Brüder vollendet sind“ (Offb 6,9–11), wenn es keine Existenz zwischen irdischem Tod und Jüngstem Gericht geben sollte?

– Wie könnte Jesus dem Verbrecher am Kreuz zurufen: „Heute wirst du mit mir im Paradiese sein“ (Lk 23,43) – und wie könnte er in Lk 16,19–31 den nachtodlichen Zustand beschreiben, wenn es alles das gar nicht wirklich gäbe?

Manche berufen sich auf Bibelstellen aus dem *Alten Testament*, insbesondere aus den Psalmen und dem Buch Prediger, die von der Vergänglichkeit des Menschen und seiner abgebrochenen Beziehung zu Gott und der Schöpfung im Zustand des Todes handeln (z.B. Ps 6,5; 49,14; 115,7; Pred 3,18–22; 9,3–10). Liest man solche Stellen isoliert und beachtet nicht den heilsgeschichtlichen Ort, an dem sie stehen, dann könnte man tatsächlich zu falschen Ergebnissen gelangen. Aber gerade eine solche Bibelexegese, die Stellen aus ihrem heilsgeschichtlichen und gesamtbiblischen Zusammenhang herausreißt und das Fortschreiten vom Alten zum Neuen

Bund übersieht, kennzeichnet ja ein unsachgemäßes, sektiererisches Bibelverständnis.

Welches ist nun der *heilsgeschichtliche Ort von Prediger* (Kohelet)? Es ist der Erkenntnisstand des Menschen zu alttestamentlicher Zeit vor der Auferstehung Jesu Christi. Die Gewißheit des ewigen Lebens und der Auferstehung ist hier – wie im Alten Testament überhaupt – noch nicht so deutlich offenbart wie im Neuen Bund. Auch wenn eine Weiterexistenz nach dem Tode immer wieder an einzelnen Stellen des Alten Testaments (z.B. Ps 88,11; 139,8; Jes 26,19; Hes 37; Dan 12,1; Hi 19,25 ff.) anklingt, so ist völlige Gewißheit erst durch die Auferstehung Jesu Christi und die dadurch erfolgte Grundlegung für eine allgemeine Totenauferstehung gegeben. Im Alten Testament steht hingegen an vielen Stellen die Angst vor dem drohenden Gericht und vor der Vergänglichkeit des irdischen Lebens im Vordergrund, so auch bei Kohelet.

Kohelet ist „noch stark diesseitsorientiert" und hat „keine Gewißheit über die Auferstehung zum Leben" (C.-D. Stoll, Der Prediger, Wuppertal 1993, S. 34). Er rechnet aber damit, „daß mit dem Tod eben nicht alles aus ist (3,17; 12,7)", daß es „ein Gericht" gibt. In Pred 3,18 ff. redet z.B. „der Mensch ohne Gott, der sich nur ‚für sich selbst' (V. 18) betrachtet und im Vergleich mit dem Vieh zu der Einsicht kommt und kommen muß, letztlich gebe es bis in den Tod hinein keinen Unterschied". Die Linie führt aber „konsequenterweise von hier weiter zum Todesüberwinder Jesus Christus" (a.a.O., S. 76 f.).

Ähnliches gilt für Pred 9,3 ff.: „Die Lokalisierung ‚unter der Sonne' gibt erneut zu erkennen, daß Kohelet mit seinen Beobachtungen die nüchterne Wirklichkeit eines Lebens an Gottes Bestimmung vorbei beschreibt" (a.a.O., S. 139).

Wer sich auf solche Stellen beruft, der übersieht, daß sich diese wie Anfragen verhalten, die in Jesus Christus ihre Beantwortung und Erfüllung erfahren haben. Wenn Pred 3,21 etwa *fragt: „Wer weiß*, ob der Odem der Menschen aufwärts fahre?", dann gibt die neutestamentliche Stelle 2. Kor 5,1 darauf die *Antwort: „Denn wir wissen:* wenn unser irdisches Haus, diese Hütte, abgebrochen wird, so haben wir einen Bau, von Gott erbaut, ein Haus, nicht mit Händen gemacht, das ewig ist im Himmel."

5.3. Zeichen der nahen Wiederkunft Jesu Christi

5.3.1. Die Gewißheit der Wiederkunft Christi

Die Eschatologie im evangelikalen Sinne (im Unterschied zu Vertretern einer „liberalen Theologie") geht aus von der Übereinstimmung, die trotz mannigfaltiger Unterschiede zwischen den bereits skizzierten einzelnen Systemen (Amillennialismus, Prämillennialismus und Postmillennialismus) herrscht. Den Konsens zwischen diesen drei Systemen kann man folgendermaßen definieren: *Jesus Christus kommt wieder in Macht und Herrlichkeit.*

Bei den evangelikalen Exegeten ist also Übereinstimmung darüber vorhanden, *daß* Jesus wiederkommt; aber *wie* er wiederkommt – das ist umstritten, je nach dem, ob man die Stellen wörtlich oder symbolisch deutet.

Fest steht folgendes: Jesus Christus kommt wieder als der *Menschensohn:* „Und siehe, es kam einer mit den Wolken des Himmels wie eines Menschen Sohn" (Dan 7,13). „Und dann wird erscheinen das Zeichen des Menschensohns am Himmel" (Mt 24,30). Der „Menschensohn" ist der Sohn Gottes, der als der Richter auf den Wolken des Himmels wiederkommt.

Im Gegensatz zu der Lehre verschiedener Sekten und Schulen wird er *sichtbar* wiederkommen: „Und sie werden mich ansehen, den sie durchbohrt haben". (Sach 12,10). Oder noch deutlicher: „Von nun an werdet ihr sehen den Menschensohn sitzen zur Rechten der Kraft und kommen auf den Wolken des Himmels" (Mt 26,64). „Es werden ihn sehen alle Augen und alle, die ihn durchbohrt haben, und es werden wehklagen um seinetwillen alle Geschlechter der Erde" (Offb 1,7). Es wird ausdrücklich das Sehen, das optische Wahrnehmen betont, genauso wie bei der Auferstehung. Zweierlei wird deutlich:

a. Jesus wird *„auf den Wolken des Himmels"* kommen (Mt 24,30). Dies wird von manchen symbolisch gedeutet, aber wir bemerken, wenn wir einmal die Himmelfahrt betrachten: Jesus wurde zusehends aufgehoben und dann von einer Wolke hinweggenommen (Apg 1,9). Ich denke, daß die Hinwegnahme in eine andere Dimension erfolgt ist. Aber sicherlich wird Jesus, wenn er sichtbar hier wiederkommt, auch inmitten dieser sichtbaren Schöpfung erscheinen – und dann natürlich von nirgendwo anders als vom Himmel her, von oben.

b. Jesus wird *plötzlich* wiederkommen (vgl. Mt 24,27). „Denn ihr selbst wißt genau, daß der Tag des Herrn kommen wird wie ein Dieb in der Nacht. Wenn sie sagen werden: Es ist Friede, es hat keine Gefahr –, dann wird sie das Verderben schnell überfallen wie die Wehen eine schwangere Frau, und sie werden nicht entfliehen" (1. Thess 5,2 f.). Dies ist eine ganz deutliche Warnung an eine Menschheit, die denkt, selber ihr Friedensreich aufrichten zu können. Gerade weil dies („kommen wie ein Dieb") so negativ besetzt ist, verwendet Jesus dieses Bild für sich selber, um sein überraschendes Erscheinen noch drastischer darzustellen. Dies kommt an folgender Stelle zum Ausdruck: „Wenn sie also zu euch sagen werden: Siehe, er ist in der Wüste!, so geht nicht hinaus; siehe er ist drinnen im Haus!, so glaubt es nicht. Denn wie der Blitz ausgeht vom Osten und leuchtet bis zum Westen, so wird auch das Kommen des Menschensohnes sein" (Mt 24,26 f.).

Jesus Christus kommt also *in Macht und Herrlichkeit* wieder. Beim ersten Mal kam er in Niedrigkeit; beim zweiten Mal kommt er in Herrlichkeit. Beim ersten Mal kam er, um die Schuldfrage zu lösen; beim zweiten Mal kommt er, um die Machtfrage zu lösen. Er wird herrschen über alle seine Feinde. Sie werden sich alle zu seinen Füßen legen müssen. Dann werden ihn auch alle Menschen sehen dürfen oder müssen, je nach dem, auf welcher Seite sie gestanden haben.

Und Jesus kommt nicht allein wieder, sondern *mit all seinen Engeln*, die ihm die Treue gehalten haben, die nicht zu Dämonen geworden sind: „Und er wird seine Engel senden mit hellen Posaunen, und sie werden seine Auserwählten sammeln von den vier Winden, von einem Ende des Himmels bis zum andern"(Mt 24,31).

5.3.2. Die Zeichen vor Jesu Wiederkunft

In Matthäus 24, der bekannten *Ölberg- oder Endzeitrede*, stellen die Jünger Jesu ihm am Anfang zwei oder vielleicht sogar *drei Fragen*. Es geht hier um die Zeichen seiner Wiederkunft.

„Und Jesus ging aus dem Tempel fort, und seine Jünger traten zu ihm und zeigten ihm die Gebäude des Tempels. Er aber sprach zu ihnen: Seht ihr nicht das alles? Wahrlich, ich sage euch: Es wird hier nicht ein Stein auf dem andern bleiben, der nicht zerbrochen werde. Und als er auf dem Ölberg saß, traten seine Jünger zu ihm und sprachen, als sie allein waren: Sage uns, wann wird das geschehen? und was wird das Zeichen sein für dein Kommen und für das Ende der Welt?" (Mt 24, 1–3)

Die erste Frage bezieht sich auf die Zerstörung des Tempels, von der Jesus gesprochen hat. Die zweite Frage bezieht sich nicht auf die Zerstörung des Tempels, sondern auf die weitere Zukunft. Es mag sein, daß diese Ereignisse in der Naherwartung der Jünger nicht so weit auseinanderlagen, aber es ist genauso möglich, daß die letztere(n) Frage(n) auf die weiter entfernte Zukunft bezogen waren. Denn die Jünger fragen ja: „Welches wird das Zeichen sein ..." – sie wissen den Zeitpunkt also nicht. Somit handelt es sich um zwei, vielleicht sogar drei Fragen: a. die Frage nach der *Tempelzerstörung*, b. die Frage nach dem *Kommen Jesu* – und c. eng damit verbunden die Frage nach dem *Ende des „aion"*, des Zeitalters bzw. Weltalters, nach der Vollendung des Planes Gottes.

Das Problem ist, daß diese unterschiedlichen Fragen und Erwartungen sowie deren Beantwortung in Mt 24 (und in den Parallelstellen Mk 13 und Lk 21) einander *durchschlingen*. Deshalb gibt es mancherlei Fehldeutungen und verschiedene Interpretationen, gerade an Stellen, die sich auf den Tempel und auf Israel beziehen.

Erste Frage: Die Zerstörung des Tempels

Wann wird der Jerusalemer Tempel zerstört werden? Die Antwort steht in Lukas 21,20–24: „Wenn ihr aber sehen werdet, daß Jerusalem von einem Heer belagert wird, dann erkennt, daß seine Verwüstung nahe herbeigekommen ist. Alsdann, wer in Judäa ist, der fliehe ins Gebirge, und wer in der Stadt ist, gehe hinaus, und wer auf dem Lande ist, komme nicht herein. Denn das sind die Tage der Vergeltung, daß erfüllt werde alles, was geschrieben ist. Weh aber den Schwangeren und den Stillenden in jenen Tagen! Denn es wird große Not auf Erden sein und Zorn über dies Volk kommen, und sie werden fallen durch die Schärfe des Schwertes und gefangen weggeführt unter alle Völker, und Jerusalem wird zertreten werden von den Heiden, bis die Zeiten der Heiden erfüllt sind."

Dies ist auf die *Naherfüllung 70 n. Chr.* bezogen. Die Belagerung fand übrigens schon 66 n. Chr. statt, als Cestus Gallus Jerusalem eingeschlossen hatte. Damals brach der erste Aufstand gegen die Römer aus und die Belagerung endete noch einmal. Aber 70 n. Chr. nahmen die Heere des Titus die Stadt ein, entweihten das Heiligtum und zerstörten den Tempel bis auf den letzten Stein. Das hatte Jesus prophetisch vorausgesehen. 70 n. Chr. wurde der Tempel niedergebrannt. Nach dem zweiten jüdischen Aufstand, der blutig niedergeschlagen wurde, ließ der römische Kaiser Hadrian im Jahre 136 n. Chr. einen Jupitertempel an der Stelle des zerstörten herodianischen Tempels errichten. In späterer Zeit (7./8. Jahrhundert n. Chr.) entstand an der gleichen Stelle der „Felsendom" als eines der wichtigsten „Heiligtümer" der islamischen Welt (Mohammed soll hier gen Himmel geritten sein). Möglicherweise entsprechen diese heidnischen Bauwerke an heiliger Stätte dem „Greuel der Verwüstung", von dem Jesus gesprochen hat, oder sind eine Vorstufe davon.

Hier gehen Matthäus 24 und das Buch *Daniel* zusammen. Jesus selber weist ja in Mt 24,15–18 auf Daniel hin: „Wenn ihr nun sehen werdet das Greuelbild der Verwüstung stehen an der heiligen Stätte, wovon gesagt ist durch den Propheten Daniel (Daniel 9,27; 11,31), – wer das liest, der merke auf! –, alsdann fliehe auf die Berge, wer in Judäa ist; und wer auf dem Dach ist, der steige nicht hinunter, etwas aus seinem Hause zu holen; und wer auf dem Felde ist, der kehre nicht zurück, seinen Mantel zu holen." In Daniel lesen wir z. B. in Kapitel 11,31: „Und seine Heere werden kommen und Heiligtum und Burg entweihen und das tägliche Opfer abschaffen und das Greuelbild der Verwüstung aufstellen." Ich denke, daß diese Stelle – neben Dan 9, 27 und 12,11 – eine zweifache, wenn nicht gar dreifache Erfüllung hat.

Die *erste Erfüllung* geschah im 2. Jahrhundert v. Chr. (um 170 v. Chr.), als Antiochus IV. Epiphanes den Tempel entweihte. Dies ist insbesondere in den Apokryphen 1. und 2. Makkabäer ausführlicher berichtet. Bereits damals wurde der Tempel verwüstet und der Opferdienst verboten. Um den Tempel zu entweihen, opferte Antiochus eine Sau auf dem Altar, die ein unreines Tier war und damit den Tempel verunreinigte und für Juden unberührbar machen sollte. Zusätzlich stellte er ein Standbild eines griechischen Gottes (Zeus) in den Tempel. Es fand also eine doppelte Entweihung statt: Verunreinigung und Götzendienst.

Die *zweite Erfüllung* geschah dann eben 70 n. Chr., als die Römer den Tempel plünderten und zerstörten. Heute steht ja nur noch der Westteil der Umfassungsmauer des herodianischen Tempelbezirks (diese heutige „Klagemauer" ist also *nicht* eine Mauer des Tempels selber!; vgl. Mt 24,2).

Die *dritte Erfüllung* mag wohl in der antichristlichen Zeit liegen. Da gehen allerdings die Meinungen der Ausleger weit auseinander, denn der Tempel kann einerseits geistlich als „die Gemeinde" gedeutet werden, sogar als „jeder einzelne Gläubige", in dem der Heilige Geist wohnt, der also wiedergeboren ist (vgl. 1. Kor 3,17; 6,19; Eph 2,21). Zum anderen ist ein buchstäblich verstandener Tempel auch nicht auszuschließen, der eventuell doch wieder errichtet werden könnte in Jerusalem. Wir müssen sehen, daß Bestrebungen unter orthodoxen Juden in dieser Richtung da sind (s.u.).

Daniel 9,27 ist ein ganz entscheidender Vers in der Prophetie: „Er wird aber vielen den Bund schwer machen eine Woche lang. Und in der Mitte der Woche wird er Schlachtopfer und Speisopfer abschaffen. Und im Heiligtum wird stehen ein Greuelbild, das Verwüstung anrichtet, bis das Verderben, das beschlossen ist, sich über die Verwüstung ergießen wird." Diese Prophezeiung wird oft auf Antiochus IV. Epiphanes gedeutet, aber sie kann nicht darauf beschränkt werden. Denn ihrer Erfüllung gehen „69 Jahrwochen" voraus (Dan 9,25 f.), so daß die letzte Jahrwoche m.E. so zu interpretieren ist, daß sie sich erst in der Endzeit erfüllt, in der Trübsalszeit. Falls das zutrifft, wird in dieser Jahrwoche der Tempel noch einmal stehen und entweiht werden. In dieser Deutung wird der Tempel ganz wörtlich verstanden (siehe Kap. 5.5.1.).

Zweite und dritte Frage: Die Zeichen vor Jesu Wiederkunft

Dem Wiederkommen Jesu und dem Ende des Zeitalters gehen die „Zeichen der Zeit" voraus. In Matthäus 24 parr. sind diese Zeichen ausführlich geschildert. Meiner Beobachtung nach erfüllt sich heutzutage nicht nur *ein* Zeichen, sondern es erfüllen sich *alle* Zeichen gleichzeitig in zunehmender Massivität.

Heute findet man z.B. eine Vielzahl von *falschen Christussen*, deren Kommen Jesus in Mt 24,5 angekündigt hatte: „Es werden viele kommen unter meinem Namen und sagen: Ich bin der Christus, und sie werden viele verführen." Einige dieser Pseudo-Christusse im 20. und 21. Jahrhundert waren oder sind etwa: Jiddu Krishnamurti; San Myung Mun; Father Divine, die „fleischgewordene Gottheit"; der New-Age-Christus des „Wassermann-Zeitalters", der vielleicht am gefährlichsten ist und von vielen erwartet wird. Das erste, wovor Jesus warnt, ist die Verführung, welche solche falschen Christusse mit sich bringen. Diese Verführung ist viel gefährlicher als Kriege, Katastrophen, Inflation usw. Denn sie ist das, was uns nicht nur äußerlich, sondern innerlich betrifft und das Seelenheil des Einzelnen kosten kann.

Danach erst werden die *äußeren Gerichte* beschrieben: „Ihr werdet hören von Kriegen und Kriegsgeschrei; seht zu und erschreckt nicht. Denn das muß so geschehen; aber es ist noch nicht das Ende da. Denn es wird sich ein Volk gegen das andere erheben und ein Königreich gegen das andere; und es werden Hungersnöte sein und Erdbeben hier und dort" (Mt 24, 6 f.).

Gerhard Maier und Arnold Fruchtenbaum meinen zu dieser Stelle, daß die Wendung „ein Volk gegen das andere" und „ein Königreich gegen das andere" sich auf einen sehr großen, vielleicht sogar globalen Konflikt bezieht, eine Art *Weltkrieg*. Fruchtenbaum schreibt: „Die Redewendung ist ein hebräischer Ausdruck für einen Weltkrieg" (Handbuch der biblischen Prophetie, Asslar, 2. Aufl. 1986, S. 338 f.; vgl. G. Maier, Matthäus-Evangelium 2. Teil, Neuhausen-Stuttgart 1980, S. 273).

Es ist durchaus möglich, daß hier die ganze Welt im Aufruhr ist und daß dies ein Signal sein kann, vor allem, wenn man es im Zusammenhang mit *Israel* sieht. Im Ersten Weltkrieg (1917) wurde die Balfour-Erklärung verabschiedet. In ihr wurde den Juden das Heimatrecht im damaligen Palästina neu nach fast 2000 Jahren wieder garantiert. Sie durften sich ansiedeln. Das hing damit zusammen, daß die Türkei Palästina verlor und es an die Engländer überging, die den Juden das Heimatrecht zusicherten. Und im Zweiten Weltkrieg war es so, daß der Holocaust zu einer Masseneinwanderung nach Israel führte. Damals war die Weltöffentlichkeit nach diesem ungeheuren Blutpreis der Juden anders gestimmt als heute und ermöglichte überwiegend die Ausrufung des Staates Israel im Jahre 1948.

In Mt 24,7 spricht Jesus auch von *Hungersnöten* und *Erdbeben*, in Lk 21,11 darüberhinaus von *Seuchen*. Zweifellos steht fest, daß die Zahl der Hunger- und Seuchenopfer (man denke etwa an Aids!) sowie die Erdbebenhäufigkeit und -schwere in den letzten Jahrzehnten zugenommen hat, vor allem seit den sechziger Jahren des 20. Jahrhunderts. Wir müssen dabei bedenken, daß es in der Offenbarung heißt, daß am Ende der Weltgeschichte ein Erdbeben stehen wird, so schwer, wie es noch nie gewesen ist (Offb 16,18). Insofern sehe ich von der Prophetie her noch eine Steigerung. Man kann freilich sagen, die seismisch-geologische Situation lasse sich erklären: Es verschieben sich die Erdplatten. Aber das ist sicherlich kein Gegensatz zur Prophetie, denn Gott läßt auch solche Dinge zu.

In Mt 24,9 ist die Rede davon, daß die Gläubigen in *Trübsal* überantwortet und sogar getötet werden. Auch das ist ein Zeichen dafür, daß sich eine zunehmende Bedrängnis auf die wirklich Gläubigen ausbreitet, daß diese zunimmt. Im 20. Jahrhundert haben die Christenverfolgungen vor allem in kommunistischen und islamischen Staaten beängstigende Ausmaße angenommen. Diese Spirale der Gewalt und des Terrors gegen Jüngerinnen und Jünger Jesu setzt sich fort.

„Dann werden viele abfallen und werden sich untereinander verraten und werden sich untereinander hassen. Und es werden sich viele falsche Propheten erheben und werden viele verführen“ (Mt 24,10 u. 11). Wir erleben in den letzten Jahren und Jahrzehnten eine Zunahme *falscher Prophezeiungen*, ob es die Voraussagen der Wachtturm-Gesellschaft, das Buch Mormon, die Schriften von Jakob Lorber oder Erich von Däniken sind – stets finden sich Aussagen, die viele Menschen verführen und vom rettenden Glauben fernhalten. Umstritten ist auch die neue „Propheten-Bewegung“, die in gewissen charismatischen Strömungen am Entstehen ist. Es gibt viele Diskussionen darüber, ob es sich um echte oder falsche Prophetie handelt. Ich sehe solche selbsternannten „Propheten“ sehr kritisch. Jedenfalls müssen wir kritischer denn je Prophezeiungen prüfen und damit rechnen, daß viele falsche Voraussagen auf uns zukommen. „Seid nüchtern und wachsam“, ermahnt uns Jesus Christus immer wieder.

Zu den falschen Propheten gehört auch Mohammed, der Begründer des Islam, der eine ausdrücklich antichristliche Religion entwikkelte, indem er die Gottessohnschaft Jesu Christi bestritt. In 1. Joh 2,22 sind diese und ähnliche Irrlehren vorausgesagt: „Wer ist ein Lügner, wenn nicht der, der leugnet, daß Jesus der Christus ist? Das ist der Antichrist, der den Vater und den Sohn leugnet.“

Ist die islamische Gesellschaft geprägt von einem falschen, unbiblischen Gottes- und Erlösungsverständnis mit dem Bemühen um Selbsterlösung durch eine rigorose Gesetzlichkeit, so herrscht im ehemals christlichen Abendland in der Endzeit die *Gesetzlosigkeit* und Dekadenz vor. Die „anomia“ wird überhandnehmen, die Ungerechtigkeit, die Loslösung von Gottes gutem Gesetz (Mt 24,12). Auch das erleben wir ja bis hinein in Kirchen und Kirchentage. Als Beispiele für den endzeitlichen Glaubensabfall sind z.B. zu nennen: Förderung von Abtreibung, aktiver Euthanasie, „Homo-Ehe“ und Prostitution, ferner Korruption und Betrug in der Politik und Religionsvermischung (Übertretung des grundlegenden ersten Gebots!) in Kirchen, Kirchenbünden und Gemeinden.

Erschreckend ist, daß das *„Erkalten der Liebe“* damit zusammenhängt (Mt 24,12). Wir spüren manchmal auch in unseren Gemeinden, daß sich ein „frommer Egoismus“ einschleicht, daß jeder sich selber der Nächste ist. Das sollte nicht so sein. Jesus sagt: „Wer meine Gebote hat und hält sie, der ist's, der mich liebt“ (Joh 14,21). Und der Apostel Paulus schreibt: „Die Liebe ist des Gesetzes Erfüllung“ (Röm 13,10).

Mt 24,13 f. ist wichtig für die Gläubigen: „Wer aber beharrt bis ans Ende, der wird selig werden. Und es wird gepredigt werden dies Evangelium vom Reich in der ganzen Welt zum Zeugnis für alle Völker, und dann wird das Ende kommen." Das heißt also, daß nicht nur Gerichtszeichen zunehmen, sondern daß auch *Mission und Evangelisation* weitergehen werden, daß diese nicht gestoppt werden können. Jeder Volksstamm wird mit dem Evangelium erreicht werden. Nach Offb 7,9 werden Menschen aus allen Völkern, Stämmen, Sprachen und Nationen vor dem Lamme stehen und ihm zujubeln. Wir haben auf der Welt über 6.000 Sprachen und es existieren inzwischen Bibelübersetzungen in rund 2.500 Sprachen, zumindest Teilübersetzungen. Aber es gibt auch andere Möglichkeiten: Es wurden bereits in ca. 5.000 Sprachen Schallplatten, Kassetten und CDs besprochen von „Gospel Recordings". Menschen können mit einer einfachen Evangeliums-Botschaft per Schallplatte erreicht werden, die sogar von Hand bedient werden kann (ohne Strom, mittels Metallstift auf drehbarer Scheibe).

Das entscheidende Zeichen der Zeit aber ist m.E. symbolisch angedeutet in Mt 24,32 f.: „An dem Feigenbaum lernt ein Gleichnis: wenn seine Zweige jetzt saftig werden und Blätter treiben, so wißt ihr, daß der Sommer nahe ist. Ebenso auch: wenn ihr das alles seht, so wißt, daß er nahe vor der Tür ist." Diesen Feigenbaum deuten viele, und ich würde es auch so sehen, auf *Israel*. Nathanael z. B. sei ein „rechter Israelit", der „unter dem Feigenbaum" sitzt, sagt Jesus (Joh 1,47 f.). Wir finden auch im Alten Testament Hinweise auf diesen Zusammenhang zwischen Israel und dem Feigenbaum (1. Kön 5,5; Mi 4,4; Sach 3,10).

Wenn der Feigenbaum wieder treiben wird, dann wird sich auch die Gerichts- und Missionszeit entfalten. Ich gehe davon aus, daß wir seit 1948, seit der Staatsgründung Israels, in diesem Endstadium leben, dem „Endstadium der Endzeit", wenn man so will. Die Endzeit kann man schon anfangen sehen im weiteren Sinne mit der Himmelfahrt Jesu, etwa 33 n. Chr., aber im engeren Sinne dann mit der Heimkehr der Juden nach Palästina, der Staatsgründung Israels im Jahre *1948*. Alle Generationen haben mit der Wiederkunft Jesu gerechnet, aber erst im 20. Jahrhundert hat sich das entscheidende Zeichen, welches dieser vorausgeht, erfüllt: die

Wiederentstehung des Staates Israel. Das heutige Israel ist sicherlich kein perfekter Staat, aber sein Vorhandensein bildet doch die Voraussetzung für die Erfüllung vieler endzeitlicher Prophezeiungen.

Die Heimkehr Israels ist schon im Alten Testament vorausgesagt, etwa in Hesekiel 36–39. Man kann diese Kapitel nicht nur rein zeitgeschichtlich auf die Heimkehr der Juden aus dem babylonischen Exil im 6. Jahrhundert v. Chr. beziehen, sondern mehrmals findet sich der ausdrückliche Hinweis: *„In den letzten Tagen"* wird es geschehen (Hes 37,24–28; 38,8.16).

Daß die Juden wieder gesammelt werden, ist auch schon in Jesaja 11,11 f. angedeutet, und zwar wird auch da deutlich, daß es eine *weltweite* Zerstreuung sein wird, was während des babylonischen Exils noch nicht der Fall war: „Und der Herr wird zu der Zeit zum zweitenmal seine Hand ausstrecken, daß er den Rest seines Volks loskaufe, der übriggeblieben ist in Assur, Ägypten, Patros, Kusch, Elam, Schinar, Hamat und auf den Inseln des Meeres. Und er wird ein Zeichen aufrichten unter den Völkern und zusammenbringen die Verjagten Israels und die Zerstreuten Judas sammeln von den vier Enden der Erde." Hier ist also von einer großen, weltweiten Zerstreuung die Rede, wie auch an anderen Stellen, gerade auch an den Stellen, wo es heißt „am Ende der Tage" (Hesekiel). So kann man davon ausgehen, daß dies auch eine endzeitliche Prophetie darstellt.

Und es ist auch die Rede davon, daß das unfruchtbare Land in Israel am Ende der Zeit wieder *blühen* wird. In Hesekiel 36,34 u. 35 lesen wir: „Das verwüstete Land soll wieder gepflügt werden, nachdem es verheert war vor den Augen aller, die vorüberzogen. Und man wird sagen: Dies Land war verheert, und jetzt ist's wie der Garten Eden ..." Wer schon in Israel war, wird sehen, wie - durchaus mit Hilfe menschlich-technischer Mittel – diese Verheißungen zur Erfüllung gebracht werden. Die Wüste wird weithin bewässert und bepflanzt; es kann auch jeder einen Baum oder einen Wald spenden. Die Einöde blüht wieder. Dadurch verändert und verbessert sich zusehends das Klima in Israel. Man muß wissen, daß die Araber und Osmanen, die jahrhundertelang das Land besetzt hatten, kein Interesse daran besaßen, Bäume zu pflanzen, sondern diese sogar abgeholzt haben. Dadurch ist immer mehr Wüste entstanden.

Wir können folgende maßgebliche *Zeichen der Zeit* vor Jesu Wiederkunft zusammenfassen: der Glaubensabfall, das Erkalten der Liebe, Kriege und Kriegsgeschrei, das Auftreten von Zeichen in der Natur (etwa Erdbeben, Hungersnöte und Seuchen), Christenverfolgungen („es werden euch viele der Bedrängnis preisgeben"; Mt 24,9), die Evangelisation als positives Zeichen, die Rückkehr der Juden in das Heilige Land, aber auch die Möglichkeit einer Weltdiktatur, die sich im Erscheinen des Antichristen zuspitzen wird, eine zunehmende Welteinheitsgesellschaft, Welteinheitswirtschaft und Welteinheitsreligion (ausführlicher bin ich auf diese Fragen in verschiedenen Einzelveröffentlichungen eingegangen; siehe die Hinweise am Ende des Buches).

5.4. Wiederkunft Christi und Weltmission

5.4.1. Die vier heilsgeschichtlichen Grundlinien

Es gibt in der endgeschichtlichen Entwicklung vier Linien, die parallel auf das Kommen des Herrn zulaufen:
– die Israellinie
– die Gemeindelinie
– die Gerichts- oder Verführungslinie
– die Missions- oder Evangelisationslinie

Ich fasse diese vier Grundlinien zunächst kurz zusammen, definiere dann die biblische Sicht von „Weltmission" und wende mich schließlich dem Zusammenhang von Weltmission und Wiederkunft Christi zu.

a. Die *Israel-Linie* begann mit der Berufung Abrahams (Gen 12,1-3). In ihm erwählte sich Gott Israel als Bundesvolk. Im Lauf der Jahrhunderte war jedoch Israel Gott gegenüber immer wieder ungehorsam und hat schließlich Jesus als seinen Messias abgelehnt. Danach wurde ein Teil Israels verstockt, sein Land wurde verwüstet, sein Tempel wurde 70 n. Chr. zerstört und seine Bewohner wurden für fast zwei Jahrtausende in alle Welt zerstreut. Erst im

20. Jahrhundert ist wie durch ein Wunder die lange vorher (z.B. in Jes 11,10 ff.; 43,5 f.; Hes 36–39; Sach 8,7 f.; Dan 12,7) prophezeite politische Sammlung Israels erfolgt, wobei seine geistliche Erneuerung größtenteils noch aussteht (s.u. zu Röm 11,25). In den Endzeit-Ereignissen wird Israel eine bedeutende Rolle spielen (vgl. z.B. Jes 2,2–4; Sach 12 u.14; Dan 9,27; Mi 4,1–8).

b. Die *Gemeinde-Linie* bezieht sich nicht auf Israel als Nation, sondern auf die Nichtjuden (aber auch auf einzelne Juden), die Christen wurden. Nachdem das Volk Israel größtenteils Jesus als seinen Messias abgelehnt hatte, ging die Erwählung auch auf die „Heidennationen" über, die daher sogar als das „geistliche Israel" betrachtet werden können (vgl. Röm 2,28 f.; 9,6–8; Phil 3,3; Gal 3,28 f.). In diese Zeit fällt die Weltmission unter allen Völkern dieser Erde (s.u.). Doch die Heidennationen sind nur „aufgepfropfte Zweige" am „Ölbaum" Israel (Röm 11,17–24). Ihre Zeit wird dann „erfüllt" sein, wenn „Jerusalem nicht mehr von den Heiden zertreten", sondern von den Juden eingenommen sein wird (Lk 21,24). Denn Gott hat sein Volk Israel nicht verstoßen, sondern er wird es vor der Wiederkunft Christi retten und ihm in seinem Heilsplan eine wichtige Rolle zuteilen. Israel wird wohl das abschließende Verbindungsglied zwischen der Missionierung der Welt und der Aufrichtung des messianischen Reiches sein.

c. Die *Gerichts-Linie* bezieht sich auf die unterschiedlichen Gerichte, Verführungen und Verfolgungen, die der Wiederkunft Christi als letzte Ausreifung des Bösen und „Geburtswehen" der neuen Welt vorausgehen: Kriege, Hungersnöte, Erdbeben, Seuchen, Gesetzlosigkeit, Lieblosigkeit, Christenverfolgungen, das Auftreten falscher Christusse und falscher Propheten u.a. (vgl. Mt 24 parr.; s.o.).

d. Die *Missions-Linie* bezieht sich auf die Mission von Menschen aus allen Völkern, Stämmen und Sprachen. Nachdem „die Fülle der Heiden" eingegangen ist, wird auch „ganz Israel" gerettet werden (Röm 11,25; s.u.). Die Verkündigung des Evangeliums von der Rettung des Sünders allein aus Gnaden wird weitergehen, bis Jesus wiederkommt in Herrlichkeit. Die Mission wird durch die Gerichte und Verfolgungen nicht aufgehoben werden, sondern parallel dazu weiterlaufen. Viel Verwirrung ist dadurch entstanden, daß christliche Kreise entweder nur die Gerichte („Weltuntergang") oder nur die Mission („weltweite Erweckung") hervorgehoben haben, ohne zu sehen, daß beides parallel bis zur Wiederkunft Jesu ausreifen wird.

5.4.2. Was heißt „Weltmission"?

Für „Weltmission" werden heute zwei grundsätzlich unterschiedliche Definitionen gegeben:

a. Weltmission ist die *Missio Dei* (Sendung Gottes) an die Welt. Ihr Hauptschwerpunkt besteht darin, ungerechte Strukturen (soziale Ausbeutung und Unterdrückung, Hunger, Armut, Umweltverschmutzung, Rassen-, Klassen- und Geschlechterdiskriminierung) durch aktiven Einsatz, mitunter Befreiungskämpfe, zu verändern und zu beseitigen. Mission ist identisch mit sozialem Engagement und politischer Aktion. Dieses Missionsverständnis begegnet uns seit den 60er Jahren des 20. Jahrhunderts sehr stark beim Weltkirchenrat, aber auch bei Teilen der römisch-katholischen Kirche, etwa im Rahmen einer „Theologie der Hoffnung", einer „Theologie der Befreiung", einer „Schwarzen Theologie" und einer „Feministischen Theologie". Ziel ist die häufig mit dem „Reich Gottes" identifizierte gerechte Gesellschaft, der allumfassende Friedenszustand, der innerweltliche Schalom.

b. Mission ist primär die *Verkündigung* des Evangeliums von der Rettung des Sünders allein aus Gnaden an Menschen aller Stämme, Sprachen und Nationen, namentlich an die heidnischen Völker oder Bevölkerungsgruppen. Ihr Inhalt ist die Einladung zur Umkehr aus dem Reich Satans in das Reich Gottes durch den Glauben an Jesus Christus und seinen stellvertretenden Opfertod am Kreuz zur Sühnung unserer Sünden. Diese Umkehr (Bekehrung) schließt soziale Verantwortung nicht aus, sondern ein, teilt ihr aber nicht die erste Stelle zu. Durch die Wiedergeburt (Einwohnung des Heiligen Geistes) des einzelnen Menschen nämlich verändern sich über die Umkehr des Einzelnen auch die Verhältnisse, ohne freilich in diesem der Sünde verhafteten „kósmos" zu irdischer Vollkommenheit zu gelangen. Das Ziel dieses in der evangelikalen Theologie, etwa der Lausanner Bewegung, vertretenen Missionsverständnisses ist das Reich Gottes als in erster Linie zukünftige Größe. Es strahlt zwar in Gestalt der Gläubigen und der Gemeinde in die Gegenwart hinein, wird aber erst mit der Wiederkunft Jesu Christi sichtbar aufgerichtet.

Ich schließe mich dem zuletzt genannten Missionsverständnis an, ohne berechtigte Anliegen der ersten Position auszuschließen. Allerdings vermittelt die Position A den Eindruck, daß sie den zweiten Schritt ohne den ersten tut, d.h. daß sie gerechte Verhältnisse in dieser Welt erwartet und erkämpfen möchte, ohne vorher die radikale Umkehr des Einzelnen zu Jesus Christus als dem einzigen Weg zu Gott dem Vater (Joh 14,6) zu verkündigen. Ein solches verkürztes, weil letztlich rein immanentes und äußerliches Verständnis der Missio Dei ohne die transzendent-geistliche Grundlage hängt eng mit einer Verkürzung der biblischen Eschatologie zusammen, wie ich sie in Teil 3 beschrieben habe.

5.4.3. Der Zusammenhang von Weltmission und Jesu Wiederkunft

Im Blick auf die Missions-Linie ergibt sich die Frage: Inwiefern hängen Weltmission und Wiederkunft Jesu Christi zusammen? Deutlicher gesagt: Ist die Weltmission in irgendeiner Weise *Voraussetzung* der Wiederkunft Christi? Um diese Frage beantworten zu können, ist eine kurze Analyse der wichtigsten Bibelstellen, die im Zusammenhang mit dieser Thematik immer wieder angeführt werden, unumgänglich.

a. *Mt 24,14:* „Und es wird gepredigt werden dies Evangelium vom Reich (tes basileías) auf dem ganzen Erdkreis (en hole te oikouméne) zum Zeugnis für alle Völker (eis martýrion pasin tois ethnesin), und dann (kai tóte) wird das Ende (to télos) kommen." – Die Weltmission besitzt universalen Charakter. Die „oikouméne" ist die ganze bewohnte Erde, der Erdkreis, die gesamte in Völker geteilte Menschheit mit Einschluß Israels. Es besteht keine Veranlassung, die Bezeichnung „alle Völker" in irgendeiner Weise einzuschränken. Nicht allen Menschen, aber Menschen aus allen Völkern wird das Evangelium von der Königsherrschaft (basileia) Gottes verkündigt. Das wird durch Apk 7,9 unterstrichen, wo davon die Rede ist, daß als Ergebnis dieser weltweiten Mission „eine große Schar ... aus allen Nationen (ek pantos ethnous) und Stämmen (phylon) und Völkern (laon) und Sprachen (glosson) ... vor dem Thron und vor dem Lamm" stehen wird. Um diese Vollzahl zu gewinnen, ist die weltweite Verkündigung des Evangeliums notwendig.

b. *Mt 28,18–20:* Das zu Mt 24,14 Festgestellte wird durch den Missionsbefehl bestätigt und in seiner universalen Weite verstärkt. Der Herr, dem nach seiner Auferstehung „alle Gewalt im Himmel und auf Erden" verliehen ist (vgl. Phil 2,9–11), fordert seine Jünger auf: „Gehet hin und machet zu Jüngern alle Völker (matetéusate pánta ta ethne)!" Im Unterschied zu Mt 24,14 wird hier nicht die Evangeliumsverkündigung betont (diese wird implizit vorausgesetzt), sondern das „Taufen" und „Lehren": Der Auftrag ist – gleichsam über die Mission hinweg und auf dem Weg über sie vermittelt – auf die Schaffung der Gemeinde hin ausgerichtet. Diese universale Gemeinde soll „alle Völker" umfassen – die Menschheit mit Einschluß Israels – und sie wird unter der Leitung des auferstandenen Herrn selber gebaut, der bei den Jüngern ist „bis an das Ende des Äons (heos tes synteleías tou aionos)", bis zum Vergehen der jetzigen Weltzeit und der Aufrichtung der Königsherrschaft Gottes in ihrer Vollendung. Die Weltmission besitzt Interimscharakter: Sie hat eben gerade in der gegenwärtigen Zwischenzeit zwischen Auferstehung und Wiederkunft Christi stattzufinden und gibt dieser ihren Sinn.

c. *Mk 13,10* ist die – kürzere – Parallele zu Mt 24,14. Als Besonderheit wird hier nicht das zukünftige Ziel, sondern die gegenwärtige Unverzichtbarkeit der Evangeliumsverkündigung betont, bevor das Ende (V. 7) eintritt: „Das Evangelium muß (dei) zuvor (proton) gepredigt werden unter allen Völkern." – A. Schlatter schreibt hierzu: „Mt. hat den Lauf der Botschaft durch alle Völker unter die Vorzeichen des Endes gestellt, weil dieses nicht kommen wird, bevor der Ruf Jesu zu allen Völkern kam. Mr. (sic) hat dagegen dieses Wort mit dem Beruf der Apostel verbunden; denn es ist eine göttliche Notwendigkeit ..., daß sie das Wort Jesu zu allen Völkern bringen, bevor der Widerstand der Welt ihnen ihr Wirken unmöglich macht" (A. Schlatter, Markus:

der Evangelist für die Griechen, 1935, Stuttgart, 2. Aufl. 1984, S. 242).

d. *Apg 1,6–8:* Unmittelbar vor Jesu Himmelfahrt sprechen die Jünger ihm gegenüber ihre Hoffnung auf das messianische Reich für das nationale Israel aus: „Herr, wirst du in dieser Zeit (chrónou) wieder aufrichten das Reich (basileían) für Israel?“ Jesus jedoch weitet ihren Horizont zeitlich und räumlich: „Es gebührt euch nicht, Zeitläufe (chrónous) oder Zeitpunkte (kairous) zu wissen, die der Vater in seiner Macht bestimmt hat; aber ihr werdet die Kraft des Heiligen Geistes empfangen, der auf euch kommen wird, und werdet meine Zeugen sein in Jerusalem und in ganz Judäa und Samarien und bis an das Ende der Erde (heos eschátou tes ges).“ In konzentrischen Kreisen soll die Bezeugung des Evangeliums von Jerusalem ausgehen in die benachbarten Gebiete und weiter bis zum Ende des Erdkreises. So wie sich die Zeit des Endes nicht bestimmen und begrenzen läßt, so bleibt auch offen, was mit dem „eschaton“ (wörtlich: dem Äußersten) der Erde konkret gemeint ist. Es wäre kurzschlüssig, das „Ende der Erde“ mit Rom zu identifizieren, nur weil dies dem Aufriß der Apg entspreche. „Daß mit *eschaton tes ges* Rom gemeint sei ..., geht aus dem Kontext nicht hervor. Im Gegenteil: Der Schluß des Werkes betont, daß das Zeugnis weiterging und weitergehen wird – *akolútos* (28,31). Damit ist eine Naherwartung der Parusie auch für den Zeitpunkt, als Paulus in Rom war, implizit als unsachgemäß gekennzeichnet“ (G. Schneider, Die Apostelgeschichte. 1. Teil, HThK V/1, Freiburg/Basel/Wien 1980, S. 203).

e. *Röm 11,25 f.:* „Verstockung ist einem Teil Israels widerfahren, so lange bis die Fülle der Heiden (to pléroma ton ethnon) zum Heil gelangt ist; und dann (kai houtos) wird ganz Israel (pas Israel) gerettet werden.“ – Auf den heilsgeschichtlichen Zusammenhang zwischen der Israel- und der Gemeinde-Linie, der in diesem Vers pointiert zum Ausdruck kommt, wurde oben schon hingewiesen. Was ist mit der „Fülle der Heiden“ und „ganz Israel“ gemeint? Die „Fülle der Heiden“ bezeichnet „die sämtlichen [nichtjüdischen] Völker, welchen das Ev[angelium] gepredigt werden soll“ (Th. Zahn, Der Brief des Paulus an die Römer, KNT VI, Erlangen, 3. Aufl. 1925, S. 524). „Ganz Israel“ meint Israel als Volk, als Kollektiv, also nicht nur einen Rest, aber auch nicht jeden individuellen Angehörigen dieses Volkes. „Ganz Israel" wird gerettet, nachdem die Vollzahl aus den nichtjüdischen heidnischen Völkern an ihr Ziel gelangt ist. „Houtos" ist in diesem Zusammenhang mit „bis" temporal zu fassen. Heidenmission und Israelmission gelangen nacheinander zu ihrem Erfolg, auch wenn sich schon in der „Zeit der Heiden" einzelne Israeliten bekehren. „Neben Israel, genauer: an der Stelle, aber auf dem Grunde Israels, erfahren die Völker ihre Berufung zum Heil ... Die Wiederannahme Israels ist ein eschatologischer Akt, der dann stattfindet, wenn die Fülle der Heiden eingegangen ist, in der Zeit der Parusie, der Auferstehung von den Toten und der Vollendung der Kirche" (H. Schlier, Die Zeit der Kirche, Freiburg/Br. 2. Aufl. 1958, S. 98). „Da ... die Wiederkunft Jesu die Bekehrung Israels zur unmittelbaren Voraussetzung hat ..., so folgt, daß die Bekehrung und Wiederannahme Israels der letzte Erfolg aller Predigt des Ev[angeliums] sein wird" (Zahn, a.a.O., S. 524 f.).

f. *2. Thess 2,6 f.:* „Und ihr wißt, was ihn (sc. den Widersacher) noch aufhält (to katéchon), bis er offenbart wird zu seiner Zeit. Denn es regt sich schon das Geheimnis der Gesetzlosigkeit; nur muß der, der es jetzt noch aufhält (ho katéchon), weggetan werden." – Diese Stelle ist sehr geheimnisvoll. Von Theologen wie O. Cullmann und K. Hartenstein wird das „katéchon" (Neutrum) auf die Evangeliumsverkündigung und Weltmission - verkörpert durch den Heidenapostel Paulus als den „katéchon" (Maskulinum) und seine Botschaft – bezogen, die das Auftreten des „Menschen der Gesetzlosigkeit" (V. 3) noch aufhält. Die Vielzahl weiterer Auslegungsvorschläge macht jedoch die Unsicherheit im Blick auf diese Stelle deutlich: Der bzw. das „katéchon" sei der Erzengel Michael, der Heilige Geist in den Gläubigen, die römische Staatsmacht oder Kirche, die Tatsache der von Gott herbeigeführten Parusieverzögerung usw. (vgl. Teil 5.6.4.). Für den Bezug auf die Weltmission spricht zwar der Grund, daß allen Völkern das Evangelium verkündigt werden muß, bevor Jesus – und vor diesem wiederum der Mensch der Gesetzlosigkeit – kommt (vgl. 2. Thess 2,1–3; Mt 24,14; Mk 13,10). Aber eindeutig geht dies aus 2. Thess 2,6 f. nicht hervor. Diese Stelle bleibt unsicher und sollte nicht, wie oft geschehen, als entscheidender Beleg für die eschatologische Begründung der Mission bei Paulus angesehen werden – im Unterschied zu Stellen wie Röm 9–11; Gal 1,15 f.; und Kol 1,25 ff., die mehr Klarheit ermöglichen.

g. *Apk 6,1–8:* Im Anschluß an eine alte Auslegungstradition aus dem 3. Jahrhundert n. Chr. (seit Victorinus) interpretieren Theologen wie Th. Zahn, O. Cullmann und K. Hartenstein das Auftreten des Reiters auf dem weißen Pferd als den Siegeszug der Weltmission, die weltweite Ausbreitung des Evangeliums. Die Notwendigkeit einer Bußpredigt vor dem Ende gehe ferner auch aus Stellen wie Apk 11,3 und 14,6 f. hervor. – Aber wegen der Symbolsprache der Apk ist diese Auslegung keineswegs eindeutig, weshalb sie von Auslegern wie G. Stählin abgelehnt wird.

Das zu 2. Thess 2,6 f. und Apk 6,1–8 Gesagte mindert freilich nichts an der Botschaft, die sich aus den klaren Stellen (Mt 24,14; 28,18–28; Mk 13,10; Act 1,6–8; Röm 11,25 f.) ergibt. Sie lautet: *Jesus kommt erst wieder, wenn Menschen aus allen Völkern, Stämmen, Sprachen und Nationen das Evangelium gepredigt worden ist. Daraus ergibt sich die Dringlichkeit des Missionsauftrags.*

Auch wenn Gott die menschlichen Dienste und technischen Möglichkeiten gebraucht, um sein Evangelium bekanntzumachen, so bleibt die Weltmission und Bekehrung jedes einzelnen Menschen doch das Werk seiner Gnade. Und auch wenn Christus erst wiederkommt, wenn Menschen aus allen Völkern, Stämmen, Sprachen und Nationen die rettende Botschaft gehört haben, so liegt der Zeitpunkt seines Kommens doch in Gottes Plan und souveräner Hand verborgen.

Mission im Blick auf die Wiederkunft Jesu Christi geschah und geschieht deshalb allezeit unter der Verheißung und Bitte: „Es spricht, der solches bezeugt: Ja, ich komme bald. – Amen, ja, komm, Herr Jesus!“ (Apk 22,20).

5.5. Antichrist und Trübsalszeit

5.5.1. Die 70 Jahrwochen Daniels und der Antichrist

„Siebzig Wochen sind verhängt über dein Volk und über deine heilige Stadt; dann wird dem Frevel ein Ende gemacht und die

Sünde abgetan und die Schuld gesühnt, und es wird ewige Gerechtigkeit gebracht und Gesicht und Weissagung erfüllt und das Allerheiligste gesalbt werden. So wisse nun und gib acht: Von der Zeit an, als das Wort erging, Jerusalem werde wieder aufgebaut werden, bis ein Gesalbter, ein Fürst, kommt, sind es sieben Wochen; und zweiundsechzig Wochen lang wird es wieder aufgebaut sein mit Plätzen und Gräben, wiewohl in kummervoller Zeit. Und nach den zweiundsechzig Wochen wird ein Gesalbter ausgerottet werden und nicht mehr sein. Und das Volk eines Fürsten wird kommen und die Stadt und das Heiligtum zerstören, aber dann kommt das Ende durch eine Flut, und bis zum Ende wird es Krieg geben und Verwüstung, die längst beschlossen ist. Er wird aber vielen den Bund schwer machen ein Woche lang. Und in der Mitte der Woche wird er Schlachtopfer und Speisopfer abschaffen. Und im Heiligtum wird stehen ein Greuelbild, das Verwüstung anrichtet, bis das Verderben, das beschlossen ist, sich über die Verwüstung ergießen wird" (Daniel 9,24–27).

Hier ist die Rede von *siebzig Siebenheiten*. Das wird immer wieder für „Jahrwochen" verwendet, also nicht nur einfache Wochen. Man kann diese ganzen Voraussagen nämlich nicht in 70 einfachen Wochen unterbringen, es müssen also Jahrwochen sein. Eine Jahrwoche bedeutet: sieben Jahre entsprechen einer Woche, d. h. 70 x 7 Jahre zusammen ergeben 490 Jahre. Es bleibt nur die Frage, ob diese sich direkt hintereinander erfüllen oder ob da auch Lücken sind und wo die Lücken sind. Da existieren verschiedene Versionen in der Forschung.

Der Beginn liegt jedenfalls in dem Jahr, in dem „das Wort erging, Jerusalem werde wieder aufgebaut werden". Dieser Zeitpunkt kann nicht zu weit entfernt sein von der Zeit Daniels (6. Jahrhundert v. Chr.). Die Frage ist nur, *wann* Jerusalem wieder erbaut wurde – und wann das Edikt dafür erlassen worden ist. Hierzu existieren verschiedene Ansichten:

1. Eine Deutung sagt, es sei der Erlaß des Kyros im Jahre 538 v. Chr. Aber dieser bezieht sich ausdrücklich nur auf den Tempelbau (Esra 1,1–3; 2. Chronik 36,22 u. 23).

2. Ebenfalls nur auf den Wiederaufbau des Tempels beziehen sich die in Esra 6,1 ff. und 7,21 erwähnten Verordnungen des Darius und Artaxerxes (Arthasasta).

3. Das einzige Edikt, in dem auch der Wiederaufbau der *Stadt* Jerusalem in diesem Zeitraum zur Sprache kommt, ist die in Nehemia 2, 1–8 vom persischen König Artaxerxes an Nehemia erteilte Genehmigung, die dann auch tatsächlich zum Wiederaufbau der Stadt führt. Diese hat sich also auch auf die Stadt bezogen, nicht nur auf den Tempel. Und dieses Edikt wurde im 20. Regierungsjahr des Artaxerxes *(445 v. Chr.)* von diesem herausgegeben.

Hier liegt also aller Wahrscheinlichkeit nach der Beginn der siebzig Jahrwochen. Das ist eine Deutung, die etwa *J. Dwight Pentecost* in seinem voluminösen Werk „Bibel und Zukunft“ (Dillenburg 1993, S. 264 f.) im Anschluß an Robert Anderson (The Coming Prince, London 1909) vertritt. Das Gleiche denkt *John F. Walvoord* („Brennpunkte biblischer Prophetie“, Neuhausen-Stuttgart 1991, S. 154 f.). Ich schließe mich dieser Sichtweise an.

Die ersten 69 Wochen enden, wenn „ein Gesalbter ausgerottet werden wird“. Das wird auf die Ausrottung, die Kreuzigung eben, des Messias Jesus gedeutet. Walvoord schreibt: „Wenn die 490 Jahre 445 v. Chr. beginnen, würden die 483 Jahre (also ohne die letzten sieben Jahre; L. G.) 33 n. Chr. erfüllt sein“ (S. 155).

Dies ist eine erstaunliche Rechnung, die sich nicht ohne weiteres von der Hand weisen läßt. Eine Voraussetzung ist jedoch, daß die Jahre als *prophetische Jahre* gerechnet werden müssen, zu je 360 Tagen, damit es genau aufgeht. Das mag eine Schwäche sein, aber es wird auch begründet: Diese 360 Tage werden historisch und prophetisch gedeutet.

Die *historische* Deutung hängt zusammen mit der Sintflut. Im Sintflutbericht ist davon die Rede, daß sie am 17. Tag des zweiten Monats begann und 17. Tag des siebten Monats zu Ende ging – ein Zeitraum von fünf Monaten (Gen 7,11; 8,4). Dann wird als parallele Zahl „150 Tage“ (Gen 7,28; 8,3) genannt. Fünf Monate mit insgesamt 150 Tagen ergeben einen Querschnitt von 30 Tagen pro Monat. So argumentiert etwa Pentecost (S. 263 f.) im Anschluß an Alva J. McClain (Daniel's Prophecy of the Seventy Weeks, Grand Rapids 1940).

Das zweite Argument ist *prophetisch:* Wir finden in der Offenbarung (Offb 12 u. 13) und in Daniel (Dan 7) verschiedene Zeitangaben, die einmal in Jahren, einmal in Monaten und einmal in Tagen ausgedrückt werden: dreieinhalb Jahre = 42 Monate = 1.260 Tage. Auch das ergibt Monate zu je 30 Tagen. Prophetische Jahre haben offensichtlich 360 Tage gehabt, die dann durch Schaltjahre ausgeglichen wurden.

Weitere Argumente lauten, daß die in Daniel 9,26 beschriebenen Ereignisse eine *Zwischenzeit* erfordern zwischen der „Ausrottung des Gesalbten“ und dem „Ende“. Wenn man die 69 ersten Jahrwochen (= 483 prophetische Jahre mit Monaten von je 30 Tagen) vom Edikt des Artaxerxes (445 v. Chr.) bis zur Kreuzigung Jesu (33 n. Chr.) – laufen läßt, kann die letzte Jahrwoche von sieben Jahren sich nicht unmittelbar an die Kreuzigung Jesu anschließen. Würden sich die sieben Jahre unmittelbar an Jesu Kreuzigung anschließen, dann hätte Jesus ja sieben Jahre nach seiner Kreuzigung wiederkommen müssen.

Hinzu kommt, daß das Volk *Israel* seit 70 n. Chr. (Zerstörung Jerusalems und des Tempels) heilsgeschichtlich beiseite gesetzt ist, bis das Handeln Gottes mit ihm wieder aufgenommen wird (vgl. Röm 9–11). Es sind zwei Fürsten, ein Gesalbter und ein anderer Fürst, deren Kommen in Dan 9,25 f. vorausgesagt wird. Israel muß in der letzten, der siebzigsten Jahrwoche wieder existieren, denn der andere Fürst (nach der klassischen Deutung: der Antichrist) schließt einen Bund mit Israel. Die Erwähnung von „Schlacht- und Speisopfern“ in Dan 9,27 sowie eines Greuelbildes im „Heiligtum“ deutet darauf hin, daß es sich um Israel und seinen wiedererrichteten Tempel handeln dürfte. Die Gemeinde verkörpert eben nicht das endzeitliche, wiederhergestellte Israel. Man könnte die Gemeinde höchstens geistlich auf Israel deuten – und auch das nur in der Zwischenzeit, solange das Israel dem „Fleische“ nach noch nicht besteht. *Daß* aber Israel wieder besteht, wenn auch (noch) ohne wiedererrichteten Tempel, ist spätestens seit 1948 unbestreitbar.

Ein anderes „System" hat *Gerhard Maier* in seinem Kommentar „Der Prophet Daniel" (Wuppertal 1982, S. 345 ff.) vorgeschlagen. Er läßt die siebzig Jahrwochen bereits mit dem Jahr *588/587 v. Chr.* beginnen. In dieser Zeit geschahen nach seiner Meinung die Zerstörung Jerusalems und die Wegführung der Juden in das 50jährige Exil (normalerweise werden diesbezüglich in der Forschung allerdings die Jahre 587/586 genannt). Maier deutet nun die ersten sieben Jahrwochen, also 49 Jahre auf dieses 50jährige Exil (588/587 bis 539/538 v. Chr.). Das finde ich aber unwahrscheinlich, weil 588 oder 587 v. Chr. meines Wissens kein Erlaß herausgegeben wurde, Jerusalem wiederaufzubauen.

Ferner muß Maier verschiedene Lücken annehmen, nicht nur eine Lücke, sondern *zwei Lücken*: Zum einen sei zwischen 538 und ca. 440 v. Chr. kein Weiterlaufen der Jahrwochen erfolgt, denn in dieser Zeit seien Jerusalem und der Tempel noch nicht wieder völlig befestigt gewesen. Da seien die Jahrwochen stehengeblieben. Erst mit dem Edikt des Artaxerxes (445 v. Chr.), das allerdings erst um 440 v. Chr. zur Ausführung gelangte, seien die Jahrwochen weitergelaufen. Maier datiert die verbleibenden 62 Jahrwochen (ohne die 70. Woche der großen Trübsal) auf den Zeitraum von 440 bis 6 v. Chr. (Maier rechnet nicht in „prophetischen Jahren"). Sie enden also mit der Geburt Jesu. In der Zeit von 6 v. Chr. bis 27 n. Chr. sieht Maier wieder eine Lücke. Die Jahrwochen seien hier wieder stehengeblieben. 27 n. Chr. hätte die letzte, siebzigste Jahrwoche begonnen und sich zum ersten Mal erfüllt. Sie erfülle sich jedoch insgesamt dreimal (Mehrfach-Erfüllung):

1. Die *erste* 70. Jahrwoche habe sich von *27 bis 34 n. Chr.* erstreckt. „In der Mitte, 30 n. Chr., stirbt Jesus am Kreuz. Danach tritt der Neue Bund in Kraft und die Heidenmission beginnt" (Maier, S. 354). – Diese Deutung halte ich nicht für sehr hilfreich, weil nämlich ausdrücklich diese 70. Jahrwoche als Gerichtszeit gekennzeichnet ist (vgl. Dan 9,26 f.). Die erste Deutung ist zwar deshalb nicht ganz auszuschließen, aber unwahrscheinlich.

2. Die *zweite* Erfüllung der 70. Jahrwoche liegt nach Maier im Zeitraum von *66 bis 73 n. Chr.* – Das halte ich durchaus für

haltbar, denn die Zerstörung und Tempelschändung Jerusalems trat 70 n. Chr. ein, in der Mitte zwischen 66 und 73 n. Chr.

3. Die *dritte* Erfüllung ist die noch kommende *Zeit des Antichristen*, der in der Mitte dieser 70. Jahrwoche den Bund mit Israel bricht. Man geht davon aus, daß der Antichrist als Person auftreten und einen Bund am Anfang der 70. Jahrwoche schließen wird, den er nach dreieinhalb Jahren bricht, woraufhin sich dann die große Trübsalszeit vollends ausbildet.

Ich denke, daß die zwei letzten Deutungen durchaus möglich sind, daß die Erfüllung durch Titus 70. n. Chr. eine Vorschattung der antichristlichen Erfüllung sein dürfte. Es gibt auch eine weitere Vorschattung, eben Antiochus IV. Epiphanes, der im 2. Jahrhundert vor Christus ein Schwein im Tempel schlachten ließ und ihn damit verunreinigte und entweihte.

Welches sind nun die *Gerichte in der großen Trübsalszeit*, in der 70. Jahrwoche?

Die *Vorwehen*, die Ankündigungen der Trübsalsgerichte vor der 70. Jahrwoche, sind, so denke ich, heute schon sichtbar. Meines Erachtens stehen wir bereits in den Zeichen der Endzeit, die ich beschrieben habe, mittendrin – und zwar deshalb, weil sich nicht nur *ein* Zeichen erfüllt, sondern alle Zeichen zusehends. Vor allem zeichnet sich das Zeichen „Israel“ immer mehr ab und erfüllt sich wirklich. Denn die Sammlung der „Totengebeine“ nach Hesekiel 37 geht der geistlichen Belebung voraus. Sie sind schon zusammengerückt, der Staat Israel wurde nach einer fast zweitausendjährigen Diaspora-Situation der Juden wieder gegründet – und das ist die Voraussetzung für die Erfüllung vieler weiterer Prophezeiungen, etwa: daß alle Völker auf Erden gegen Jerusalem in den Krieg ziehen – und damit scheitern! – werden (Sach 12,1–8), daß der wiederkommende Jesus seinen Fuß auf den Jerusalemer Ölberg setzen wird (Sach 14,3 f.), daß die Völker im Millennium zum Zion pilgern werden (Jes 2,2–4; Offb 20,1–10) und daß Israel zum Missionsvolk für die Völker werden wird (Sach 12,10; Röm 11,15).

Die *Trübsalsgerichte selber* sind insbesondere in Gestalt der Siegel-, Posaunen- und Zornschalengerichte der Offenbarung beschrieben: Kriege, Hungersnöte, Seuchen, Naturkatastrophen usw. Ein Drittel der Bäume wird verbrennen, ein Teil des grünen Grases wird verbrennen – und am Ende werden sich die Gerichte steigern (vgl. Offb 8 und 16). Gottes Wort wird man suchen und nicht mehr finden – so kündete es bereits der Prophet Amos an (Amos 8,11 f.). Auch Krankheiten, Geschwüre werden auftreten; die Sonne wird ihre Kraft verändern; der ganze Kosmos wird ins Wanken geraten.

Während der Gerichte treten *„zwei Zeugen"* auf (Offb 11,3–14):

– Manche Ausleger nehmen an, daß es *Elia und Mose* seien, als die Repräsentanten des Alten Bundes, die wiedererweckt werden, um dem Antichristen entgegenzutreten und um die Menschen noch einmal zur Buße zu rufen. – In der Tat deuten manche Hinweise in Offenbarung 11 darauf hin: Sie haben „Macht, den Himmel zu verschließen" (wie Elia) und „Macht über die Wasser, sie in Blut zu verwandeln und die Erde zu schlagen mit Plagen aller Art, sooft sie wollen" (wie Mose) (Offb 11,6).

– Manche sagen auch, es handle sich um *Elia und Henoch*, weil diese die einzigen Menschen des Alten Bundes sind, die unmittelbar entrückt wurden, die nicht durch den Tod hindurchgegangen sind. Diese werden dann wieder da sein.

– Die dritte Deutung ist, daß es einfach *zwei ganz neue Zeugen* sind, Menschen, die den Bußruf noch einmal erschallen lassen, getötet werden und wieder auferstehen.

– Schließlich gibt es auch Deutungen auf verschiedene *Gruppierungen* von Menschen und Völkern, doch das ist eine symbolische Interpretation.

Meines Erachtens dürfte es sich wirklich um zwei Menschen – wohl tatsächlich Mose und Elia – handeln, die (noch einmal) auftreten und einen letzten Bußruf in der Trübsalszeit hinausgehen lassen. Darauf weisen die oben beschriebenen Kennzeichen hin.

Und das *„ewige Evangelium"* (Offb 14,6 f.) wird der ganzen Welt veründigt werden. Hier handelt es sich um eine viel strapazierte Stelle, die von allen möglichen Sekten in dem Sinne beansprucht wird, sie würden jetzt das ewige Evangelium, ihre einzigartige Sekten-Botschaft erschallen lassen. Aber es ist sicherlich in Wirklichkeit die göttliche Missionsbotschaft, die am Ende noch einmal proklamiert wird, um Menschen im letzten Moment noch zur Buße zu rufen – eine letzte Chance für eine von Gott abgefallene Menschheit.

5.5.2. Das vierte Reich

Im bekannten Kapitel *Daniel 2* geht es um einen Traum, in dem vier Weltreiche geoffenbart werden. Zunächst wird ein goldenes Haupt erwähnt – das ist das babylonische Weltreich (625 bis 538 v. Chr.). Dann kommt der silberne Brustteil, der etwas länger ist, auch entsprechend der Jahreszahlen, die dann zu sehen sind – das Reich der Meder und Perser (538 bis 331 v. Chr.). Dann kommen der Bauch und die Lenden aus Kupfer: Griechenland (331 bis 168 v. Chr.). Und schließlich wird ausführlich das vierte Reich beschrieben:

„Und das vierte wird hart sein wie Eisen; denn wie Eisen alles zermalmt und zerschlägt, ja, wie Eisen alles zerbricht, so wird es auch alles zermalmen und zerbrechen. Daß du aber die Füße und Zehen teils von Ton und teils von Eisen gesehen hast, bedeutet: das wird ein zerteiltes Königreich sein; doch wird etwas von des Eisens Härte darin bleiben, wie du ja gesehen hast Eisen mit Ton vermengt. Und daß die Zehen an seinen Füßen teils von Eisen und teils von Ton sind, bedeutet: zum Teil wird's ein starkes und zum Teil ein schwaches Reich sein. Und daß du gesehen hast Eisen mit Ton vermengt, bedeutet: sie werden sich zwar durch Heiraten miteinander vermischen, aber sie werden doch nicht einander festhalten, so wie sich Eisen mit Ton nicht mengen läßt. Aber zur Zeit dieser Könige wird der Gott des Himmels ein Reich aufrichten, das nimmermehr zerstört wird; und sein Reich wird auf kein andres Volk kommen. Es wird alle diese Königreiche zermalmen und zerstören; aber es selbst wird ewig bleiben, wie du ja gesehen hast, daß ein Stein ohne Zutun von Menschenhänden vom Berg herunterkam, der Eisen, Kupfer, Ton, Silber und Gold zermalmte..." (Dan 2,40–45).

Das vierte Reich wird ein zerteiltes Königreich sein. Und es wird Eisenhärte haben. Viele Ausleger – und auch ich – deuten dies auf

Rom. Rom teilte sich in Ost- und Westrom und besaß die Härte des Eisens. Es betrieb große Kriegszüge, in denen es mit brachialer Gewalt viele Völker unterjochte. Schließlich ist es selber zerbrochen wie Ton. Es gibt auch Stellen in der Johannesoffenbarung, die darauf hinweisen, etwa Offb 17,8, wo von dem „Tier" gesprochen wird, das „gewesen ist, nicht ist und wieder aufsteigen wird". Diese Stelle läßt sich auf Rom beziehen: Es ist äußerlich untergegangen, wird aber am Ende der Tage wieder entstehen. Rom folgte auf Griechenland, und wie Eisen alles zermalmt, so zermalmte es durch seine Kriegszüge seine Feinde.

Wir müssen jetzt noch eine weitere Stelle betrachten, *Daniel 7,1–27*. Hier ist die Rede von vier Tieren: das erste wie ein Löwe, das zweite wie ein Bär, das dritte wie ein Panther und das vierte schrecklich anzusehen mit verschiedenen Hörnern. In Daniel 7 wird dies so ausgelegt, daß diese vier Tiere vier Königreiche sind, die auf Erden an die Macht kommen werden:

„Danach hätte ich gerne Genaueres gewußt über das vierte Tier, das ganz anders war als alle andern, ganz furchtbar, mit eisernen Zähnen und ehernen Klauen, das um sich fraß und zermalmte und mit seinen Füßen zertrat, was übrigblieb; und über die zehn Hörner auf seinem Haupt und über das andere Horn, das hervorbrach, vor dem drei ausfielen; und es hatte Augen und ein Maul, das große Dinge redete, und war größer als die Hörner, die neben ihm waren. Und ich sah das Horn kämpfen gegen die Heiligen, und es behielt den Sieg über sie, bis der kam, der uralt war, und Recht schaffte den Heiligen des Höchsten und bis die Zeit kam, daß die Heiligen das Reich empfingen. Er sprach: Das vierte Tier wird das vierte Königreich auf Erden sein; das wird ganz anders sein als alle andern Königreiche; es wird alle Länder fressen, zertreten und zermalmen" (Dan 7,19–23).

Es war sicherlich bei Rom so, daß es den ganzen bekannten Weltkreis beherrscht hat. Aber es war nur die *damals* bekannte Welt. Ich denke, daß es demgegenüber am Ende der Tage wirklich eine *Weltherrschaft* sein wird, eine Herrschaft universaler Art. Die zehn Hörner (Vers 24) bedeuten zehn Könige, die aus diesem Königreich hervorgehen werden (vgl. Offb 17,9 ff.). Nach ihnen aber wird ein anderer aufkommen, der wird ganz anders sein als die vorigen und wird drei Könige stürzen. Von diesen zehn Königen werden nur noch sieben übrig sein, und der, der diese drei stürzt, wird dann der achte sein.

„Er wird den Höchsten lästern und die Heiligen des Höchsten vernichten und wird sich unterstehen, Festzeiten und Gesetz zu ändern. Sie werden in seine Hand gegeben werden eine Zeit und zwei Zeiten und eine halbe Zeit" (Daniel 7,25).

„Er" läßt sich auf den Antichristen deuten. Hier hat man wieder einen Hinweis auf die Trübsalszeit („eine Zeit und zwei Zeiten und eine halbe Zeit"), also auf dreieinhalb Zeiten, dreieinhalb Jahre.

„Danach wird das Gericht gehalten werden; dann wird ihm seine Macht genommen und ganz und gar vernichtet werden. Aber das Reich und die Macht und die Gewalt über die Königreiche unter dem ganzen Himmel wird dem Volk der Heiligen des Höchsten gegeben werden, dessen Reich ewig ist, und alle Mächte werden ihm dienen und gehorchen" (Dan 7,26 f.).

Der Messias wird das Reich des Antichristen vernichten.

Fassen wir die Kennzeichen des vierten Weltreiches zusammen, dann trifft insgesamt tatsächlich vieles auf Rom zu:

– die Teilung in Ost- und Westrom, die in Daniel 2 angedeutet wird;
– das Eisen- und Tongemisch: die brutale Gewalt und dann doch die Zerbrechlichkeit;
– „Das Tier, das du gesehen hast, ist gewesen und ist jetzt nicht und wird wieder aufsteigen aus dem Abgrund ..." (Offenbarung 17,8) – auch das würde passen: daß es untergegangen ist und wieder entstehen wird in neuer Gestalt;
– außerdem trifft vieles auf die römische Kirche zu.

Nun stellt sich die Frage, ob die *zehn Könige*, von denen in *Offenbarung 17* die Rede ist, sich auf Länder beziehen, die zum römischen Reich gehörten oder die wieder dazu gehören werden. Manche Ausleger haben dieses Kapitel auf das zusammenwachsende Europa gedeutet. Allerdings wurde die Zehnzahl schon 1986 überschritten. Andere Autoren, wie Marius Baar, beziehen die zehn Könige auf die in der OAPEC zusammengeschlossenen Ölländer um Israel herum (Nahost – Auftakt zu Weltbrand oder Weltfrieden?, Bad Liebenzell, 4. Aufl. 1991, S. 197). Aber auch diese Interpretation ist sehr zweifelhaft.

In Offenbarung 17,9 ist nämlich die Rede von sieben Bergen, auf denen die Hure sitzt. Diese sieben Berge sind nach Meinung vieler die römischen Hügel. Aber es wird in Offenbarung 17,9 f. zusätzlich gesagt, daß diese sieben Hügel auch *sieben Könige* sind, von denen fünf bereits gefallen sind, einer gerade an der Macht ist und einer noch kommen soll. Wenn diese sieben Hügel sieben Könige sind, dann läßt sich nicht alles so glatt auf Rom beziehen, sondern es sind doch gewisse Weltmächte. Offb 17 wird deshalb von manchen Auslegern auf sieben Weltreiche gedeutet: Ägypten, Assyrien, Babylonien, Medopersien, Griechenland, Rom und das wiederhergestellte römische Reich als das siebte innerhalb dieser Könige.

Es gibt auch Theorien, daß das alte Babylon buchstäblich als Stadt wieder aufgebaut wird. Als 1991 der Golfkrieg stattfand, erschienen Bücher entsprechender Art in Deutschland und den USA (z.B. Ch. H. Dyer/A. Hunt, Der Golfkrieg und das neue Babylon, Asslar 1991). Aber das dürfte sehr zweifelhaft sein. Babylon, die Stadt im Irak, die Saddam Hussein in der Wüste zum Teil wieder errichten ließ, ist eher eine Touristen-Attraktion als eine wirkliche Renaissance des alten Babylonien.

Bedenkenswert finde ich die Deutung von Arnold Fruchtenbaum in seinem „Handbuch der biblischen Prophetie“ (Asslar, 2. Aufl. 1986). Er sagt, daß es sich bei den sieben Königen um sieben verschiedene *Regierungsformen* handeln könnte. Die ersten fünf Könige aus Offenbarung 13 und 17 seien fünf verschiedene Regierungsformen Roms: die tarquinischen Könige (753–510 v. Chr.), die Konsuln (510–494 v. Chr.), die Plebejer und Diktatoren (494–390 v. Chr.), die Republikaner oder Dekemvirn (390–60 v. Chr.) und das Triumvirat (60–27 v. Chr.). Diese fünf Regierungsformen Roms, die sich historisch abgelöst hätten, seien die fünf Häupter, fünf Könige. Und das sechste Haupt, die sechste Regierungsform sei die aktuelle Form des Imperialismus, an dessen Spitze sich dann als siebtes Haupt der Antichrist setzen würde. Rom sei ein Sinnbild für den *Imperialismus* (a.a.O., S. 49).

Es wird hier im Grunde allegorisch gedeutet. Was ich allerdings nicht ganz von der Hand weisen möchte, ist die Grobeinteilung der Weltreiche. Es spricht durchaus einiges für Rom. Wir müssen unterscheiden zwischen den Weltreichen und den Häuptern. Das erste war das babylonische Weltreich. Ich denke, das ist eindeutig, weil diese Anwendung ja auch selber in Daniel ausgesprochen wird (Daniel 2 und 7). Das zweite war das medopersische Weltreich. Das dritte war das griechische Weltreich. Das vierte war nun durchaus Rom, allerdings im weitesten Sinne verstanden. Hier kann man jetzt die Häupter mit den verschiedenen Regierungsformen auf Rom anwenden: Tarquinier, Konsuln, Plebejer, Republikaner, Triumvirat.

Das Weltreich des Imperialismus wiederum unterteilt sich in verschiedene *Stadien*. Das geeinte Stadium ist das römische Reich im eigentlichen Sinne, also Rom als einstmals „globales" Weltreich gesehen. Dieses wird dann zweigeteilt in Ost- und Westrom. Diese Zweiteilung setzt sich bis in das 20. Jahrhundert hinein fort in dem Machtgleichgewicht zwischen Ost und West. Als nächstes Stadium kommt das Weltregierungsstadium oder Weltherrschaftsstadium, die Vereinigung der Welt. Hier bemerken wir die große Aktualität in der Entstehung eines politischen Welteinheitssystems, der Vereinheitlichung der Wirtschafts- und Währungssysteme und der Propagierung einer Welteinheitsreligion mit der Vorstufe einer Ökumene der Religionen. Das Welteinheitssystem wird zur besseren Verwaltung in zehn Bezirke aufgeteilt, dic praktisch Verwaltungseinheiten innerhalb der Welteinheit darstellen (vgl. a.a.O., S. 38 ff.)

Dieses *Zehn-Reiche-Stadium* finde ich durchaus plausibel hervorgehend aus Offenbarung 17: zehn Könige, die wahrscheinlich durchaus zehn Machtblöcke sein dürften und ihre Macht dem Tier geben, nicht nur europäische Staaten, sondern wohl eher staatenübergreifende Zusammenschlüsse. Der Antichrist geht daraus hervor, vernichtet drei davon, regiert als achter und wird durch den Messias, den wiederkommenden Herrn, gestürzt.

Der Club of Rome teilte übrigens in Plänen aus den 70er- und 80er-Jahren des 20. Jahrhunderts die Welt in die folgenden zehn Wirtschaftsräume auf: 1. Kanada und USA; 2. Europäische Gemeinschaft (EG); 3. Japan; 4. Israel, Südafrika und Australien; 5. Comecon-Staaten (= Rat für gegenseitige Wirtschaftshilfe); 6. Lateinamerikanische Freihandelszone; 7. Arabische Liga; 8. Organisation fürAfrikanische Einheit (OAU); 9. Nichtkommunistische Staaten Asiens und des Südpazifiks; 10. China und kommunistisches Asien. Vorstufen solcher Verwaltungsbezirke könnten zum Beispiel auch die bereits existierenden wirtschaftlichen Zusammenschlüsse sein, die in ihrer Zielsetzung der EG entsprechen, zum Beispiel die arabischen OPEC-Länder, die Contadora-Staaten, die Staaten des Zentralamerikanischen Gemeinsamen Marktes, die AKP- (Afrika-, Karibik-, Pazifik-) Staaten und die ASEAN-Staaten (Ostasien).

Das ist freilich nur *eine* Möglichkeit der Erfüllung, wenn auch eine plausible, zumal sich manches davon tatsächlich bereits abzuzeichnen scheint. Dennoch sollten wir für andere Möglichkeiten offenbleiben.

5.5.3. Kennzeichen der antichristlichen Herrschaft

Sechs ist die Zahl des Menschen. Sieben ist die Zahl Gottes oder der Vollkommenheit. Die Sieben ist, gerade in der Offenbarung, immer die Zahl der Fülle Gottes: sieben Geister Gottes vor Seinem Thron, sieben Leuchter, das Lamm hat sieben Hörner und sieben Augen und vieles weitere. Die Zahl *666*, die in Offenbarung 13,18 genannt wird, ist die dreifach potenzierte Zahl des Menschen, die nicht an das Göttliche herankommt, sondern sich an dessen Stelle setzen möchte. Es ist die Zahl des Anstatt-Christus, des Antichristus.

Im griechischen und hebräischen Alphabet hatten Buchstaben einen Zahlwert. Es ist nicht auszuschließen, daß tatsächlich, wenn der Antichrist auftritt, die Zahl seines Namens mit diesen Zahlwerten 666 ergibt. Man hat schon versucht, den Zahlenwert verschiedener Namen oder Titel auszurechnen, z. B. „Nero", „Vicarius Filii Dei" (= der Papst als „Stellvertreter des Sohnes Gottes"). Aber diese Deutungen sind oft sehr gekünstelt. Es läßt sich nichts Eindeutiges sagen, sondern man muß abwarten, bis der Antichrist auftritt, um ihn mit Hilfe dieses Zahlenwertes zu entlarven.

Heute wird viel darüber spekuliert, ob das „www" („World Wide Web") im Internet mit der „666" gleichzusetzen ist. Tatsächlich besitzt „W" („waw") im Hebräischen den Zahlenwert „6", so daß „www" aneinandergereiht „666" ergäbe. Hinzu kommt, daß der Zahlungsverkehr immer mehr über das Internet abgewickelt werden soll. Dies erinnert an das Wort aus der Johannesoffenbarung: „Und es (das Tier aus dem Abgrund) macht, daß sie allesamt, die Kleinen und Großen, die Reichen und Armen, die Freien und Sklaven, sich ein Zeichen machen an ihre rechte Hand oder an ihre Stirn, und daß niemand kaufen oder verkaufen kann, wenn er nicht das Zeichen hat, nämlich den Namen des Tieres oder die Zahl seines Namens ... sechshundertsechsundsechzig" (Offb 13,16–18).

Hier tauchen bedrohliche Dimensionen auf, zumal Währungen und Zahlungsverkehr weltweit immer mehr vereinheitlicht werden und die bargeldlose Zahlungsweise und Kontrollierbarkeit mit Riesenschritten vorangetrieben wird. Dennoch bleibt die Ineinssetzung von „www" mit „666" Spekulation, solange nicht eindeutig ein Malzeichen – verbunden mit einem antichristlichen Bekenntnis – verlangt wird. Wir sollten hier bei aller Wachsamkeit auch für andere Erfüllungsmöglichkeiten offenbleiben.

Eine wichtige Stelle, was den Antichristen angeht, ist auch *2. Thessalonicher 2,1–12.* Da ist die Rede davon, daß sich der Mensch der Sünde, der Mensch der Gesetzlosigkeit in den Tempel Gottes setzt und vorgibt, er sei Gott. Er wird viele Menschen durch große Zeichen und Wunder blenden. Ich denke, das ist eine Parallele zu Offenbarung 13, wo auch davon die Rede ist, daß das Tier aus dem Meer, der Antichrist, und das Tier aus dem Abgrund, sein falscher Prophet, eine neue Religion errichten und daß alle, die nicht im Lebensbuch des Lammes geschrieben sind, durch die Propaganda des falschen Propheten vermittelt, den Antichristen anbeten werden.

Wiederum finden sich unterschiedliche Deutungen im Hinblick auf den *Tempel*, in den sich der Antichrist setzt. Die einen sagen, es sei ein wirklicher Tempel, der in *Jerusalem* wieder gebaut wird. Dafür gibt es tatsächlich Vorbereitungen von etlichen orthodoxen Juden, die schon den Grundstein sowie weitere Steine, Geräte, Priestergewänder usw. hierfür vorbereitet haben und den Grundstein bereits legen wollten. Die zweite Deutung lautet, daß der Tempel die *Gemeinde* sei (vgl. 1. Kor 3,17; Eph 2,21). Das ist sicherlich auch nicht falsch, denn nach 1. Johannes 2,19 wird der Antichrist – auch in Gestalt seiner Vorläufer – aus der Gemeinde hervorgehen. Ich halte es durchaus für möglich, daß beide Deutungen zusammengehen: Der Antichrist geht aus der Gemeinde hervor und setzt sich in einen buchstäblich wieder errichteten Tempel in Jerusalem, von dem aus er seine Schreckensherrschaft ausübt.

Gegen eine *bloß* symbolische Deutung dieses Tempels, etwa als „christliche Gemeinde", spricht zum Beispiel der Hinweis auf die Wiedereinführung und Abschaffung des jüdischen Opfers im Heiligtum (Dan 9,27). – Gegen die Ansicht mancher Ausleger (zum Beispiel Marius Baar), es handle sich um einen heidnischen „Göttertempel", etwa den jetzigen islamischen Felsendom, spricht ebenfalls die Tatsache, dass das jüdische Opfer wieder eingeführt und abgeschafft und der Tempel ausdrücklich als Tempel „Gottes" (Einzahl!) bezeichnet wird.

Der Antichrist wird in 2. Thess 2 als *„Mensch der Gesetzlosigkeit"* (anomia), als „Sohn des Verderbens" bezeichnet. In 1. Joh 2 ist die Rede von vielen, die antichristlich denken oder arbeiten. Aber *der* Mensch der Sünde – das wird die Ausreifung des Bösen sein, die Zuspitzung in *einer* Person.

Seine Vorläufer sind zahlreich. Dazu gehören, so denke ich, Hitler, aber auch Stalin, Mao und viele andere Gewaltherrscher, die Juden und Christen verfolgt und sich gegen Christus gestellt haben. Jost Müller-Bohn hat in seinem Buch „Adolf Hitler – Verführer der Christenheit. Die Magie eines Antichristus" (Lahr-Dinglingen 1988) in frappierender Weise Parallelen aufgezeigt zwischen Hitlers Aufstieg und Wirksamkeit und dem, wie der Antichrist nach biblischer Voraussage aufsteigen und wirken könnte.

Der Antichrist wird den Allerhöchsten lästern, wird gerade auch die Juden betrügen und, sollte die wörtliche Deutung zutreffen, im Tempel den Greuel der Verwüstung aufrichten, den Tempel schänden. Er wird aber nicht sofort erkennbar sein als solcher, sondern irgendwann seine Maske fallen lassen, eben in der Mitte der Siebenjahres-Trübsalszeit (Dan 9,27).

Nun nenne ich im Anschluß an René Pache (Die Wiederkunft Jesu Christi, Wuppertal, 11. Aufl. 1987, S. 135 f.) einige *Gegensätze zwischen Christus und dem Antichristen:*

– Der Antichrist ist die zweite Person der teuflischen Trinität. Es gibt eine satanische Trinität, die Vater, Sohn und Heiligen Geist zu imitieren versucht und gemäß Offb 13 aus Satan („Drache"), Antichrist („Tier aus dem Meer") und falschem Propheten („Tier aus dem Abgrund") besteht. Die zweite Person dieser Trinität stellt die Nachäffung des Sohnes Gottes, Jesus Christus, dar.

– Der Antichrist kommt von unten, aus dem „Meer", aus dem Völkermeer. Jesus aber kam von oben, vom Himmel.

– Der Antichrist ist wie ein wildes Tier (Offb 13,2). Jesus aber ist das Lamm voller Sanftmut (Mt 11,28–30; Offb 5,6–9).

– Beide – Jesus und der Antichrist – erleben so etwas wie eine „Auferstehung". Bei Jesus ist es eine wirkliche Auferstehung, beim Antichristen hingegen die Heilung einer Wunde (Offb 13,3). Es könnte eine leibliche Wunde sein: es ist nicht auszuschließen, daß er wunderbar genest und dadurch die Faszination auf sich zieht. Es kann aber auch eine Art Niederlage sein, aus der er sich in unvorstellbarer Weise erholt.

– Jesus und der Antichrist erleben beide Anbetung.

– Die Wirkungszeit dauerte bei Jesus ungefähr drei Jahre. Die Herrschaft des Antichristen wird sich über dreieinhalb Jahre entfalten (Offb 11,2 und 13,5: „42 Monate"; Offb 11,3 und 12,6: „1.260 Tage").

– Jesus hat die Braut (die treu bleibende Gemeinde), der Antichrist die Hure (die abgefallene Kirche) an seiner Seite.

Auch der *Heilige Geist* und der *falsche Prophet* unterscheiden sich durch maßgebliche Kriterien (vgl. Pache, a.a.O., S. 162 f.):

– Es sind die dritten Personen der jeweiligen Trinität.

– Der Heilige Geist ist der Geist der Wahrheit (Joh 16,13). Der falsche Prophet belügt und verführt die Menschen (Offb 13,11 ff.; vgl. Joh 8,44).

– Der Heilige Geist verherrlicht Jesus (Joh 16,13 f.). Der falsche Prophet baut eine Mysterienreligion für den Antichristen auf, die Götzendienst darstellt (Offb 13,11 ff.).

– Sogar das Pfingstereignis wird nachgeäfft, denn der Heilige Geist wird mit Feuerzungen beschrieben (Apg 2,3) – und auch der antichristliche, falsche Prophet wird Feuer vom Himmel fallen lassen (Offb 13,13), um die Menschheit durch falsche Zeichen und Wunder zu blenden.

– Der Heilige Geist macht lebendig (Joh 3,6; 6,63). Der falsche Prophet tötet die Heiligen (Offb 13,15).

– Der Name Jesu wird an den Stirnen der Geretteten stehen, die durch den Heiligen Geist versiegelt sind (Offb 14,1; vgl. Eph 1,13 f.). Auch der falsche Prophet läßt ein Malzeichen aufprägen: das Malzeichen des Tieres, welches irgendwie mit der Zahl 666 verbunden ist (Offb 13,16–18).

Zur Person des Antichristen gehört *Babylon*, das mit 1. Mose 11 (Turmbau zu Babel) zusammenhängt. Babylon ist das System, das mit dem Antichristen kooperiert. Die Hure Babylon ist die vom lebendigen Gott abgefallene, religiöse Welt, die dem Antichristen huldigt. Die Stadt Babylon ist die wirtschaftliche und soziale Welt, in welcher der Handel und der Verkehr gemäß Offenbarung 18 stattfinden. Der Name „Babylon" könnte damit zusammenhängen, daß das Ereignis von Babel (Sprachenverwirrung) wieder aufgehoben wird, indem man die Einheit der Welt auf allen Gebieten erstrebt: durch das politische Welteinheitsreich, durch das wirtschaftliche Einheitssystem und durch die Einheitsreligion, die eben die antichristliche Anbetungsreligion sein wird.

Nun stellt sich mit Macht die Frage: Bestehen Zusammenhänge zwischen der *Hure Babylon* und *Rom*?

Die „sieben Hügel" in Offb 17,9 deuten, wie schon ausgeführt, durchaus auf Rom hin. Gerade in der damaligen Zeit, in der die Johannesoffenbarung entstanden ist, hat jeder sicherlich sofort an Rom gedacht, wenn er von den sieben Hügeln hörte. Es waren ja zum Großteil sehr problematische Kaiser, die im 1. Jahrhundert nach Christus herrschten, so daß die Anspielung auf Rom nicht verwunderlich war.

Ferner finden sich verschiedene Kennzeichen, welche auf die römisch-katholische Kirche zutreffen, in deren Lokalisierung und Struktur sich auf eine gewisse Weise das römische Reich fortsetzt. „Katholisch" bedeutet wörtlich „allumfassend". Schon durch diese Selbstbezeichnung wird in der Deutung Roms der Anspruch auf Weltherrschaft oder zumindest globale Einflußnahme offen ausgesprochen. Es besteht wirklich ein universaler Anspruch des Papsttums, vor allem die Jurisdiktionsgewalt über alle katholischen Herrscher und im Grunde auch über die anderen Regenten. Der Papst hat als „Vertreter Christi und Petri" die oberste Gewalt der Rechtsprechung auf Erden.

Die römische Kirche benutzt auch heute noch Latein als Sprache. Ihre Würdenträger sind mit wertvollen Stoffen, Scharlach und Purpur, bekleidet, was auch in Offenbarung 17 und 18 eine gewisse Rolle spielt. Die römisch-katholische Kirche ist sehr reich. Der Papst trug bis zum Zweiten Vatikanischen Konzil öffentlich drei aufeinandergesetzte Kronen, die „Tiara". Rom besitzt ungeheure Kunstschätze und Reichtümer. Es ist „trunken vom Blut der Heiligen" (Offb 17,6), es hat – etwa anfangs als römische Staatsmacht und später durch die Inquisition der römisch-katholischen Kirche – viele Gläubige verfolgt und getötet. Heute ist Rom – neben dem Ökumenischen Rat der Kirchen in Genf – Vorreiter einer „interreligiösen Ökumene" mit dem Ergebnis einer antichristlichen Vermischung der Religionen und dem Entstehen einer Welteinheitsreligion. Das hat sich etwa bei den sogenannten „Friedensgebetstreffen" der Religionen in Assisi/Italien und an anderen Orten auf Initiative des Papstes auf schockierende Weise gezeigt.

Dennoch ist die Identifikation der Hure Babylon (Offb 17 f.) mit der römisch-katholischen Kirche m.E. zu eng. Ich stimme René Pache zu, der schreibt:

„Die Hure stellt nicht lediglich eine bestimmte Gruppe von Abgefallenen dar, sondern alle falsche Religion auf Erden. Es hat viele falsche Christen bei den Katholiken gegeben, aber ebenso bei den Protestanten, den Orthodoxen und anderswo. Geistlichen Ehebruch begehen alle, die ihr Herz zwischen Gott und der Welt teilen, die bei einem strengen Dogma die Bekehrung ablehnen, die vom Glauben an die Bibel abweichen, indem sie die Gottheit Jesu

Christi und die Sühnekraft seines Blutes leugnen, alle, welche Andersgläubige verfolgen ... Die große Hure ist die abgefallene Kirche, die Jesu Eigentum zu sein gelobte und nun mit der Welt Ehebruch treibt“ (Pache, a.a.O., S. 176 f. 168). Das tut eben nicht nur Rom, sondern das geht leider quer durch die Konfessionen hindurch.

Was sagt die Heilige Schrift über den *Unterschied zwischen Hure Babylon und Brautgemeinde Christi*?

– Die Gemeinde ist die Braut. Die Hure ist die von Gott abgefallene Kirche, die nichts mehr mit seiner Wahrheit zu tun hat.

– Die Gemeinde ist Christus untertan. Die Hure aber sitzt auf dem Tier (Offenbarung 17,3).

– Die Gemeinde ist das neue Jerusalem, die Hure das große Babylon.

– Die Gemeinde ist ein Organismus, durch Gottes Geist geprägt und belebt, während Babylon eine Weltorganisation ist, die aufgebaut wird durch Druck, Zwang und falsche Religiosität.

– Während die Gemeinde arm ist, schmückt sich die Hure mit kostbarsten Gewändern.

– Die Gemeinde geht durch irdische Niedrigkeit, Verachtung und Verfolgung hindurch zur himmlischen Herrlichkeit (Mt 10,9 f.; 24,9–13; 2. Tim 3,12). Die Hure ist auf Geld und Macht aus (Offb 17,4.18; 18,7.9–19); sie ist äußerlich prachtvoll, aber innerlich tot (vergleiche Offb 3,1).

– Die Gemeinde paßt sich dem Zeitgeist nicht an, sondern ist Salz und Licht der Welt (Mt 5,13 ff.; Röm 12, 1; 1. Joh 2,15–17). Die Hure stellt sich der Welt gleich und vertauscht Gottes Geist mit dem Zeitgeist (Offb 17,2; 18,3).

– Die Gemeinde hält Jesus Christus als dem einzigen Herrn und Erlöser die Treue und lehnt jede Religionsvermischung ab (Joh 14,6; Apg 4,12). Die Hure betreibt „Hurerei“, das heißt: sie setzt heidnische Götzen mit dem Gott der Bibel gleich und vermischt die Religionen und Ideologien (Offb 17,2.5.15; vergleiche Hos 1,2; 3,1).

– Die Gemeinde setzt sich zusammen aus Gläubigen in allen Denominationen, die nur Gott wirklich kennt (1. Sam 16,7; Joh 17,20–26). Die Hure bringt die wahrhaft Gläubigen zunehmend in Bedrängnis (Offb 17,6).

– Die Gemeinde fällt nicht auf falsche Zeichen und Wunder herein, sondern orientiert sich allein am Wort der Heiligen Schrift (Jer 23,28; 2. Tim 3,14–17). Die Hure lenkt durch falsche Zeichen und Wunder von den rettenden Wunden Jesu ab (vergleiche Mt 24,24; 2. Thess 2,9; Offb 13,13).

– Die Gemeinde wartet auf Jesu Wiederkunft (Mt 24 f.; 2.Petr 3,11 ff.); sie bereitet Christus den Weg, indem sie viele in seine Nachfolge ruft (Mt 24,14). Die Hure bereitet dem Antichristen den Weg, der sie zunächst für sein religiöses Gaukelwerk mißbraucht, um sie anschließend fallenzulassen (Offb 17,3.16).

Die Religion Babylons vermischt also sämtliche Ideologien und Religionen miteinander und möchte sie unter Umgehung der Wahrheit Gottes zum antichristlichen Einheitssystem verbinden: Die falsche Einheit nach Offb 17 und 18 ist am Entstehen.

Die *wahre Einheit* hingegen ist die Einheit nach Johannes 17: die Einheit aller derjenigen – und nur derjenigen! –, die an Jesus Christus als den lebendigen Sohn Gottes glauben, ihn lieben und ihm durch alle antichristlichen Wirren hindurch die Treue halten. Jesus Christus selber beschreibt diese wahre Einheit mit folgenden Worten in seinem Gebet zum Vater: „Ich bitte aber nicht allein für sie (meine Jünger), sondern auch für die, die durch ihr Wort an mich glauben werden, damit sie alle eins seien. Wie du, Vater, in mir bist und ich in dir, so sollen auch sie in uns sein, damit die Welt glaube, daß du mich gesandt hast“ (Joh 17,20 f.)

Heute geht die *falsche Einheit* mit Riesenschritten voran. Es gibt eine „Globalisierung“ in der Politik und Wirtschaft, aber leider genauso in christlichen Kirchen und Gemeinden (auch in evangelikalen Verbänden und Kreisen). Alle Religionen und Konfessionen sollen zusammenrücken um des äußeren und inneren Friedens willen. Einheit und Friede werden über Eindeutigkeit und Wahrheit gestellt. Der Maßstab ist nicht mehr „allein Christus“, „allein der Glaube“ und „allein die Heilige Schrift“, sondern eine falsch verstandene Liebe (ohne Wahrheit), eine Selbstverwirklichungsideologie und ein „Evangelium“ zum Wohlfühlen. Hier sollten wir äußerst wachsam sein.

5.6. Entrückung – vor, während oder nach der Großen Trübsal?

5.6.1. Grundlegende Bibelstellen

Einige Bibelstellen weisen darauf hin, daß es vor der für alle Menschen sichtbaren Wiederkunft Jesu Christi und vor dem Endgericht noch eine Entrückung geben könnte. Folgende Stellen aus dem Alten Testament werden in diesem Zusammenhang häufig zitiert:

– *1. Mose 5,21–24:* „Henoch war 65 Jahre alt und zeugte Methuschelach. Und Henoch wandelte mit Gott. Und nachdem er Methuschelach gezeugt hatte, lebte er 300 Jahre und zeugte Söhne und Töchter, daß sein ganzes Alter ward 365 Jahre. Und weil er mit Gott wandelte, nahm ihn Gott hinweg, und er ward nicht mehr gesehen.“

– *2. Könige 2, 11 f.:* „Und als sie miteinander gingen und redeten, siehe, da kam ein feuriger Wagen mit feurigen Rossen, die schieden die beiden voneinander. Und Elia fuhr im Wetter gen Himmel. Elisa aber sah es und schrie: Mein Vater, mein Vater, du Wagen Israels und sein Gespann! und sah ihn nicht mehr.“

Es findet sich also bereits in alttestamentlicher Zeit das besondere Ereignis der plötzlichen Hinwegnahme zweier Menschen (Henoch und Elia) vor ihrem leiblichen Tod. Man kann hier von „Entrükkung“ sprechen. Es wird erwartet, daß die Brautgemeinde der Erlösten als Gesamtheit dies einmal erleben wird. Mit den Bibelstellen aus dem Neuen Testament, die darauf hinweisen oder darauf hinzuweisen scheinen, werden wir uns nachfolgend beschäftigen.

– *Johannes 14,1–3:* „Euer Herz erschrecke nicht! Glaubet an Gott und glaubet an mich! In meines Vaters Hause sind viele Wohnungen. Wenn's nicht so wäre, würde ich dann zu euch gesagt haben: Ich gehe hin, euch die Stätte zu bereiten? Und wenn ich hingehe, euch die Stätte zu bereiten, so will ich wieder kommen und euch zu mir nehmen, damit ihr seid, wo ich bin."

Hier steht allerdings nichts ausdrücklich von einer Entrückung, aber von der Wiederkunft Jesu und davon, daß er die Seinen zu sich nimmt. In Kombination mit anderen Stellen wird dann gefolgert, daß er, weil er die Seinen speziell zu sich nimmt, vorher schon einmal für diese speziell kommen könnte.

– *1. Thessalonicher 3,11–13:* „Er selbst aber, Gott, unser Vater, und unser Herr Jesus richte unsern Weg zu euch. Euch aber lasse der Herr wachsen und immer völliger werden in der Liebe untereinander und gegen jedermann, wie auch wir sie zu euch haben, daß eure Herzen gestärkt werden und unsträflich seien in der Heiligkeit vor Gott, unserm Vater, wenn unser Herr Jesus kommt samt allen seinen Heiligen."

Daß Jesus hier „mit allen seinen Heiligen" kommt, deutet nach dispensationalistischer Sicht darauf hin, daß es eine Vorentrückung gibt, daß die Heiligen vorher schon hinweggenommen sind und daß Jesus dann mit ihnen wiederkommt. Freilich könnten hier aber auch nur die bereits verstorbenen Heiligen gemeint sein.

Eindeutiger ist die folgende Stelle, der „locus classicus" der Entrückungslehre:

– *1. Thessalonicher 4,13–18:* „Wir wollen euch aber, liebe Brüder, nicht im Ungewissen lassen über die, die da schlafen, auf daß ihr nicht traurig seid wie die andern, die keine Hoffnung haben. Denn wenn wir glauben, daß Jesus gestorben und auferstanden ist, so wird Gott auch, die da entschlafen sind, durch Jesus mit ihm einherführen. Denn das sagen wir euch als ein Wort des Herrn, daß wir, die wir leben und übrigbleiben bis zur Ankunft des Herrn, werden denen nicht zuvorkommen, die entschlafen sind. Denn er selbst, der Herr, wird mit befehlendem Wort, mit der Stimme des Erzengels und mit der Posaune Gottes herniederkommen vom Himmel, und die Toten in Christus werden auferstehen zuerst. Danach wir, die wir leben und übrigbleiben, werden zugleich mit ihnen hingerückt werden in den Wolken, dem Herrn entgegen in die Luft, und werden so bei dem Herrn sein allezeit. So tröstet euch nun mit diesen Worten untereinander."

Hier wird deutlich, daß es eine Reihenfolge gibt. Zuerst werden die Toten auferstehen. Dann werden die noch auf Erden lebenden Gläubigen eine Hinwegnahme, eine Hinwegrückung erleben, dem Herrn entgegen. Sie werden allezeit bei dem Herrn sein. Allerdings ist von einem Zeitpunkt hier nicht die Rede. Diese Stelle kann deshalb sowohl prä- als auch posttribulationistisch gedeutet werden und auch anderweitig, weil der Zeitpunkt nicht ausdrücklich genannt wird. Posttribulationisten deuten diese Stelle so, daß die Entrückung gleichzeitig mit der endgültigen Wiederkunft geschieht. Die Toten werden auferweckt, die anderen werden zum Herrn hingerückt und die Welt wird gerichtet. Es kann also auch alles zeitlich zusammenfallen. Vertreter des Dispensationalismus sagen dagegen, daß die Entrückung vor den sieben Jahren der Trübsalszeit eintritt.

Zusammenfassend halte ich fest: Es ist deutlich, daß es eine besondere Hinwegnahme der Gläubigen geben wird, die beim Herrn sein werden. *Wann* diese eintritt, ist unsicher, aber *daß* sie stattfindet, geht m.E. klar aus den zitierten Stellen hervor. Sie geschieht zu einem Zeitpunkt, den Gott vorherbestimmt hat. Und sie geschieht in *einem* Augenblick, im Nu, gewissermaßen mit einem Augenzwinkern, also ganz plötzlich und überraschend.

Es gibt deshalb auch solche Versionen der Deutung, daß plötzlich Menschen verschwunden sein werden und die Übriggebliebenen erschüttert und schockiert feststellen, daß deren Platz leer ist. Das wäre dann also die Vorentrückung. Die Verstorbenen werden vorher auferweckt, damit die lebend Entrückten ihnen nicht zuvorkommen. Die noch lebenden Gläubigen werden nicht durch den Tod hindurchgehen müssen, sondern unmittelbar verwandelt werden. Dies entspricht dem, was sich Paulus in 2. Kor 5,1 ff. wünschte: „überkleidet" oder „verwandelt" zu werden und nicht durch das Todestal hindurchschreiten zu müssen. Die Entrückten werden allezeit beim Herrn sein. Keiner kann sie mehr aus seiner Hand reißen.

Weitere Bibelstellen zur Entrückungsfrage betrachten wir in den folgenden Kapiteln.

5.6.2. Entrückungs-Theorien im Überblick

1) Der *Prätribulationismus (Vorentrückungslehre)* sagt, daß die Entrückung spätestens sieben Jahre vor dem zweiten Kommen Jesu stattfindet, also auf jeden Fall vor der Trübsalszeit, unmittelbar vorher oder auch länger vorher. Der Zeitpunkt der Entrückung ist nicht genau definiert, aber auf jeden Fall kommt die Gemeinde der Erlösten nicht in die siebenjährige Trübsal hinein.

2) Der *Posttribulationismus (Nachentrückungslehre)* lehrt die Entrückung nach der Trübsalszeit, die wohl sieben Jahre betragen dürfte nach Daniel 9,27. Die Gemeinde werde in dem Moment entrückt, in dem Jesus in die Lufthülle der Erde eintrete, um dann sofort, nachdem sie entrückt sei, mit ihm wieder zur Erde zurückzukehren (vgl. 1. Thess 4,17). Es geschieht also alles in einem Moment – und zwar nach der großen Trübsal. Die Wiederkunft Jesu zum Gericht und die Entrückung fallen praktisch zusammen zu *einem* Ereignis. Die verstorbenen Heiligen werden auferweckt, die lebenden Glaubenden verwandelt – und nach der Trübsal wird das Gericht gehalten.

3) Die Lehre von der *„Entrückung in der Mitte der Trübsalszeit" (engl. „mid-tribulationism")* stellt eine Kompromißlösung dar. Sie geht davon aus, daß die Gemeinde in das Gericht in Form der Trübsal hinein muß und daß sie vor dem Offenbarwerden des Antichristen in seiner schrecklichsten Art dann doch hinweggerückt wird. Sie muß also die erste Hälfte der großen Trübsal erleben und wird entrückt, bevor sich in der zweiten Hälfte der Trübsalszeit die Schreckensherrschaft des Antichristen in ihrer Fülle entfaltet und die Gerichte Gottes in ihrer ganzen Heftigkeit hereinbrechen.

4) Die Lehre der *„Teil-Entrückung" (engl. „partial rapture")* besagt, daß nur besonders qualifizierte Gläubige vor oder während der Trübsalszeit entrückt werden, vielleicht auch in Stufen. Es sollen die, die besonders wachsam sind, die besonders intensiv auf Jesus warten, die besonders zubereitet sind, entrückt werden.

5) Eine andere, neuartige Ansicht findet man in dem Buch von Marvin Rosenthal „Was glauben Sie über die Wiederkunft Christi? Ein neues Verständnis der Entrückung, der Trübsal und des zweiten Kommens Jesu" (Solingen 1994). Er vertritt die *„Ent-*

rückung der Gemeinde vor dem Zorn Gottes" („The Pre-Wrath Rapture of the Church" – so der englische Original-Titel). Rosenthal weist darauf hin, daß dann, wenn die Bedrängnis so groß wird, daß kein Gläubiger durchkommen könnte, die Tage für die Auserwählten verkürzt werden (vgl. Mt 24,22). Die Entrückung erfolgt etwa vier bis fünf Jahre nach Beginn der siebenjährigen Trübsalszeit. Bevor Gottes Zorn in Fülle eintritt, wird die Gemeinde hinweggenommen. Die Trübsal beginnt, dann kommt der Antichrist – und wenn der Antichrist auf seinem Höhepunkt ist und Gottes Zorn mit den Gerichtskatastrophen sich zunehmend erfüllt, wird die Gemeinde entrückt. Dann, wenn die Not am größten ist, werden für sie „die Tage verkürzt". Diese Ansicht berührt sich mit der „Entrückung in der Mitte der Trübsal", doch liegt der Zeitpunkt etwas später.

6) Der *Amillennialist*, sofern er überhaupt von einer Entrückung reden kann, vertritt die Vorstellung, daß die Entrückung mit der Wiederkunft Jesu zusammenfällt. Es gibt keine spezielle Entrückung vorher, weil es ja auch kein Tausendjähriges Reich gibt. Die Entrückung ist identisch mit dem Endgericht und der Wiederkunft Christi. So schreibt z.B. William Hendriksen in seinem Buch „Das Jenseits. Grundriß der biblischen Lehre von den letzten Dingen" (Marburg/Lahn 1992, S. 100): „... die Gläubigen, die zu diesem Zeitpunkt noch am Leben sein werden, werden einen Augenblick warten müssen, bis die Seelen der Verstorbenen mit ihren Leibern vereinigt werden. Während dieses ‚Augenblicks' werden die Wartenden im Nu verwandelt. Dann werden beide Gruppen zusammen – als eine große Schar – entrückt werden, um dem Herrn zu begegnen."

Es kann natürlich nur *eine* dieser Ansichten richtig sein. Das Problem ist nur, daß die Aussagen der Heiligen Schrift zu dieser Frage nicht eindeutig sind. Wäre das anders, dann gäbe es nicht diese zahlreichen Deutungsmodelle innerhalb der evangelikalen Theologie. Nachfolgend gehe ich auf die wichtigsten näher ein.

Dabei möchte ich hier schon betonen: Ich bin überzeugt, daß die Zeitpunktfrage am besten nicht mit der Frage: vor, während oder nach der großen Trübsal? verbunden wäre. Die Schrift betont gegenüber der Ermittlung eines Zeitpunktes die ständige Wartebereitschaft.

5.6.3. Die Lehre der Teilentrückung (Partial Rapture)

Diese Lehre geht davon aus, daß nicht alle Gläubigen bei der Entrückung der Gemeinde versammelt werden, sondern nur diejenigen, die besonders wachen und warten. Ein gewisses Maß an Geistlichkeit müssen sie erreicht haben. Sie müssen sich also besonders zubereitet haben. Nachfolgend nenne ich einige Bibelstellen, die zur Begründung dieser Ansicht ins Feld geführt werden, und füge eine kurze Beurteilung hinzu.

– *Lukas 21,36:* „So seid allezeit wach und betet, daß ihr stark werdet, zu entfliehen diesem allen, was geschehen soll, und zu stehen vor dem Menschensohn." – Aber ich meine, dieser Aufruf zur Wachsamkeit ist ohnehin für alle Gläubigen verbindlich, denn wer nicht wacht, der glaubt auch nicht richtig.

– *Matthäus 24,41–42:* „Zwei Frauen werden mahlen mit der Mühle; die eine wird angenommen, die andere wird preisgegeben. Darum wachet; denn ihr wißt nicht, an welchem Tag euer Herr kommt." – Aber auch hier handelt es sich einfach um einen Aufruf zur Wachsamkeit, der natürlich im Neuen Testament nicht fehlen darf, ohne direkten Bezug zur Entrückung.

– Das Gleiche gilt für *Hebräer 9,28:* „ ... so ist auch Christus *einmal* geopfert worden, die Sünden vieler wegzunehmen; zum zweitenmal wird er nicht der Sünde wegen erscheinen, sondern denen, die auf ihn warten, zum Heil."

– *1. Korinther 15,23:* „Ein jeder aber in seiner Ordnung: als Erstling Christus; danach, wenn er kommen wird, die, die Christus angehören." – Aber hier ist nicht die Rede davon, daß es verschiedene Abstufungen hinsichtlich einer Entrückung bei den Gläubigen gibt, sondern davon, daß es eine Ordnung bei der Auferstehung gibt. Diese Ordnung bezieht sich auf Christus, auf die Verstorbenen, auf die Gläubigen. Jeder wird in seiner Reihenfolge auferstehen. Es findet keine noch weiter gehende Unterteilung statt.

– *2. Timotheus 4,8:* „ ... hinfort liegt für mich bereit die Krone der Gerechtigkeit, die mir der Herr, der gerechte Richter, an jenem Tag geben wird, nicht aber mir allein, sondern auch allen, die seine Erscheinung liebhaben." – Auch hier ist keine Aufteilung vorhanden.

– Ebenso ist im Gleichnis von den zehn Jungfrauen *(Mt 25,1–13)* nicht explizit von der Entrückung die Rede, sondern allgemein vom Kommen des Bräutigams zu seiner Braut, von der Wiederkunft Jesu und der Wartebereitschaft der Gemeinde.

Es werden also Stellen angeführt, die vom Wachen und Beten reden. Hierzu nenne ich zusammenfassend folgende Kritikpunkte:

– Die Reihenfolge beim Entrückungs-Geschehen wird sehr stark vom Menschen, von seinen Werken abhängig gemacht, auch vom *geistlichen Zustand.* Der geistliche Zustand wird an gewissen Kriterien gemessen. Aber ich denke: *wenn* jemand glaubt, *wenn* jemand erlöst ist, dann gibt es keine Unterschiede insofern, als es sein „Sein-Dürfen“ beim Herrn betrifft. Wäre das anders, dann würde ein Klassendenken innerhalb der Gemeinde entstehen. Hier droht die Erlösung allein aus Gnaden verdunkelt zu werden.

– In den grundlegenden Stellen über die Entrückung heißt es, daß alle, die zum Herrn gehören, *in einem Augenblick* entrückt werden So lesen wir in der klassischen Stelle 1. Thessalonicher 4,16 f.: „... und zuerst werden die Toten, die in Christus gestorben sind, auferstehen. Danach werden wir, die wir leben und übrigbleiben, zugleich mit ihnen entrückt werden auf den Wolken in die Luft ...“ Und 1. Korinther 15,51 f. betont: „Siehe, ich sage euch ein Geheimnis: wir werden nicht alle entschlafen, wir werden aber alle verwandelt werden; und das plötzlich, in *einem* Augenblick, zur Zeit der letzten Posaune.“ Hier sind also ausdrücklich alle angesprochen, die plötzlich verwandelt werden. Da kann man nicht sagen: „nur ein Teil“.

– Bei der Vorstellung einer Teilentrückung würde die *Einheit des Leibes Christi* geleugnet, die Epheser 2 und andere Stellen betonen.

5.6.4. Die Lehre der Vorentrückung (Prätribulationismus)

Es gibt sehr viele Vertreter dieser Lehre im evangelikalen Bereich, wo sie inzwischen fast zur klassischen Position geworden ist. In der Regel wird sie mit der Lehre von abgegrenzten Heilszeit-Epochen (Dispensationen) verbunden. John Nelson Darby war derjenige, der diese Lehre seit dem Jahre 1830 am stärksten ausformuliert hat. Sie kam allerdings – darauf weisen Vertreter des Dispensationalismus hin – zumindest ansatzweise auch schon *vor* Darby in der Kirchengeschichte vor, z.B. bei Ephraem dem Syrer bereits im 4. Jahrhundert nach Christus.

Ephraem schreibt: „Denn alle Heiligen und Auserwählten Gottes werden gesammelt, vor der Drangsal, die kommen muss, und werden zum Herrn weggenommen, damit sie nicht die Verwirrung erleben, die wegen unserer Sünde die Welt überwältigen wird" (zit. nach: Grant R. Jeffrey, Die Kirche des frühen Mittelalters und die Entrückung vor der Trübsal; in: Wenn die Posaune erschallt. Zur Klärung der Kontroverse über Endzeitfragen, hg. v. Thomas Ice / Timothy Demy, Pfäffikon 2000, S. 118).

Die Vorentrückungslehre hat seit dem 19. Jahrhundert durch die Niagara-Konferenzen, auch durch C. I. Scofield und seine Bibel-Kommentierung (Scofield-Bibel), weite Verbreitung erfahren. Der klassische Dispensationalismus vertritt die Vorstellung, daß die Gemeinde vor der Trübsalszeit entrückt wird und daß dann praktisch nur noch Israel eine besondere Rolle in Trübsalszeit und Tausendjährigem Reich spielt. Die Gemeinde hingegen befindet sich zu diesem Zeitpunkt bereits im Himmel (vgl. Kap. 4.7.).

Der dispensationalistische Prämillennialismus beansprucht, die wörtliche Auslegungsmethode zu verwenden. Allerdings werden wir sehen, daß das nicht immer der Fall ist. Vor allem heißt Dispensationalismus, daß die Unterscheidung zwischen Israel und der Gemeinde immer strikt durchgehalten wird; allerdings inzwischen mehr oder weniger modifiziert (vgl. den „progressiven Dispensationalismus" von Blaising, Bock und anderen; siehe Kap. 4.9.).

Der Dispensationalist J. D. Pentecost, der noch zur älteren Richtung gehört, schreibt in seinem Buch „Bibel und Zukunft" (Dillenburg 1993, S. 215 f.): Die Gemeinde ist „ein Geheimnis", und weil sie eben erst nach dem Tode Christi und nach Pfingsten bestand, konnte sie „in den ersten neunundsechzig Wochen" der danielischen Prophetie (vgl. Dan 9,24–27) „nicht vorkommen" und demzufolge auch nicht in der siebzigsten Woche, in der Trübsalszeit. Dann schildert er die Unterschiede zwischen *Israel* und der *Gemeinde* an einigen Beispielen, und zwar in insgesamt 24 Punkten (a.a.O., S. 221–223). Ich nenne nur einige und werde versuchen aufzuzeigen, daß einige Argumente davon einen Zirkelschluß bilden.

– Pentecost erwähnt zunächst, daß „fast vier Fünftel" der Bibel über Israel handeln, etwa 1/5 über die Gemeinde. – Aber dieses rein statistische Argument besagt überhaupt nichts.

– Dann meint Pentecost, daß Israel die irdischen Verheißungen habe, die Gemeinde aber die himmlischen. – Diese Ansicht reißt jedoch, wenn man auf bekehrte Juden blickt, den Leib der Gemeinde sehr auseinander (vgl. Eph 2).

– Dann wird ausgeführt, der Urheber Israels sei Abraham, der Urheber der Gemeinde Christus. – Das stimmt nur insofern, als man die Trinität hier nicht entsprechend berücksichtigt, denn auch der Urheber Israels ist letztendlich Gott und der Urheber der Gemeinde Abraham (vgl. Röm 4).

– Ferner wird gesagt, daß für Israel die Ölbergrede gelte (Mt 24), während an die Gemeinde die Rede im Obersaal, die Abschiedsrede (Joh 13–16) adressiert sei. – Aber das ist ein Zirkelargument. Hier wird schon vorausgesetzt, daß Matthäus 24 sich nur auf Israel beziehe, wobei das – so denke ich – durchaus nicht eindeutig ist. Zwar ist in Matthäus 24 von der „Tempelzerstörung" und dem „Greuel der Verwüstung" die Rede, aber die anderen Aussagen Jesu gehen weit über das Geschehen in Israel hinaus und bekommen gerade heute weltweit zunehmende Aktualität (vgl. Kap. 5.3.).

– Schließlich meint Pentecost, daß Israel den Gerichten der Trübsalszeit begegnen müsse, wogegen die Gemeinde vor allen Gerichten errettet werde. – Aber auch das ist ein Zirkelschluß, denn man setzt ja schon voraus, daß es den Unterschied zwischen Israel und der Gemeinde gibt.

Pentecost unterscheidet zwischen *Entrückung* und *Wiederkunft*. Er schreibt:

„1. Die Entrückung führt die Wegnahme aller Gläubigen herbei, während die Wiederkunft die Erscheinung oder Offenbarung des Sohnes zur Folge hat.

2. Bei der Entrückung werden die Heiligen in der Luft gesammelt, aber bei der Wiederkunft kehrt Er (sc. Christus) zur Erde zurück.

3. Bei der Entrückung kommt Christus, um seine Braut heimzuholen, aber bei der Wiederkunft kehrt Er mit der Braut zurück.

4. Die Entrückung führt zur Wegnahme der Gemeinde und leitet die Trübsal ein, aber die Wiederkunft führt zur Aufrichtung des Tausendjährigen Reichs.

5. Die Entrückung steht unmittelbar bevor, während der Wiederkunft eine Vielzahl von Zeichen vorausgehen.

6. Die Entrückungsbotschaft bringt Trost mit sich, während die Wiederkunft von einer Gerichtsbotschaft begleitet wird.

7. Die Entrückung hängt mit dem Heilsplan für die Gemeinde zusammen, während sich die Wiederkunft auf den Heilsplan für Israel und die Welt bezieht" (a.a.O., S. 227 f.).

Pentecost (a.a.O., S. 224) und andere dispensationalistische Autoren stützen sich mit dieser Unterscheidung z.B. auf *Joh 14,2 f.*, wo Jesus spricht: „Ich gehe hin, euch die Stätte zu bereiten. Und wenn ich hingehe, euch die Stätte zu bereiten, so will ich wieder kommen und euch zu mir nehmen, damit ihr seid, wo ich bin." – Man kann diese Aussage aber auch einfach so deuten, daß Jesus im himmlischen Reich einen Platz für seine Brautgemeinde vorbereitet. Wann er sie genau zu sich nimmt, ist hier nicht ausgesagt. Der Zeitpunkt bleibt offen (s.o.).

Auch *1. Thess 5,3* wird – etwa von Pentecost (a.a.O., S. 231) – herangezogen: „Wenn sie sagen werden: Es ist Friede, es hat keine Gefahr, dann wird sie das Verderben schnell überfallen gleichwie der Schmerz eine schwangere Frau, und sie werden nicht entfliehen." Es wird argumentiert, daß gerade dieses plötzliche Erscheinen inmitten von Frieden und Sicherheit darauf hindeute, daß Jesus vor der Trübsalszeit komme, weil es nämlich während der Trübsalszeit Gerichte und Zerstörung, Trübsal und Bedrängnis gebe. – Allerdings kann man diesem Argument entgegenhalten, daß die Trübsalszeit gerade damit anfängt, daß der Antichrist ein Scheinfriedensreich mit Friede und Sicherheit aufbaut, so daß die Entrückung aufgrund obiger Bibelstelle eher inmitten dieses antichristlichen Reiches geschehen könnte. Der Antichrist wird auch Frieden und Sicherheit versprechen. Die Entrückung muß deshalb nicht unbedingt vor der Herrschaft des Antichristen erfolgen. Also ist 1. Thess 5,3 kein schlagendes Argument für eine Vorentrückung.

Die Hauptstelle für die Vorentrückung aus darbystisch-dispensationalistischer Sicht ist *2. Thess 2.* In dem ganzen Kapitel geht es darum, daß Christus nicht wiederkommt, bevor der Abfall vom Glauben geschieht und der Mensch der Sünde oder der Gesetzlosigkeit (griech. anomia), der Sohn des Verderbens auftritt, der klassisch auf den Antichristen gedeutet wird, als Höhepunkt und Ausreifung des Bösen. Dieser setzt sich in den Tempel, gibt vor, er sei Gott und erhebt sich „über alles, was Gott und Gottesdienst heißt". (Der Tempel wird manchmal auf die Gemeinde gedeutet oder auch auf den israelitischen Tempel – beides ist möglich, je nach allegorischer oder wörtlicher Deutungsmethode; s.o.).

In 2. Thess 2,7 f. heißt es: „Denn es regt sich bereits das Geheimnis des Frevels, nur daß, der es jetzt aufhält, erst muß hinweggetan werden; und alsdann wird der Frevler offenbart werden, welchen der Herr Jesus umbringen wird mit dem Hauch seines Mundes und wird ihm ein Ende machen durch seine Erscheinung, wenn er kommt." Das Geheimnis des Frevels ist sicherlich das Ausreifen des Bösen in der Zuspitzung der Person des Antichristen. Aber wer oder was ist es, „der es aufhält" (griech. *„ho katechon"* oder *„to katechon"*)? Hier gibt es die unterschiedlichsten Interpretationen und keine eindeutige Lösung. Ich nenne die geläufigsten:

– Manche meinen, es sei die menschliche *Obrigkeit*, die durch das Gesetz (griech. nomos) das Böse eindämmt. – Aber diese menschliche Obrigkeit wird immer existieren, auch in der Trübsalszeit – sie kann es also nicht sein. Auch wäre diese irdische Deutung nicht der geistlichen Dimension des Frevels, dem antichristlichen Ausmaß entsprechend.

– Eine weitere Ansicht lautet, daß *Satan* selber der Aufhaltende sei, daß er selber das Ausreifen des Bösen zurückhalte. Aber da müssen wir an Markus 3,25 denken: „Und wenn ein Haus mit sich selbst uneins wird, kann es nicht bestehen." Der Satan kann sich selber nicht als Aufhaltender entgegenstehen, sondern es muß etwas Positives sein, was das Kommen seines antichristlichen Gesandten aufhält.

– Eine weitere Deutung lautet, daß das Aufhaltende die *Gemeinde* sei. Nun wird von prämillennialistischer und vor allem dispensationalistischer Seite gesagt, daß es nicht die Gemeinde an sich sei, sondern der *Heilige Geist* in der Gemeinde. Der Heilige Geist sei das, was das Geheimnis der Gesetzlosigkeit noch aufhalte. Solange er vorhanden sei, könne die Trübsalszeit mit dem Antichristen nicht ihre Ausreifung erfahren, sondern erst dann, wenn die Gläubigen, in denen der Heilige Geist wohne, hinweggenommen sein würden, werde sich diese böse Macht in voller Stärke ausbreiten und entfalten können. Hier kommt als ergänzendes Argument hinzu, daß der Aufhaltende eine Person sein müsse, weil der Mensch des Verderbens auch eine Person sei, und daß deshalb die Person des Heiligen Geistes als in den Gläubigen vorhandene Realität das Aufhaltende darstelle.

Diese Erklärung klingt sehr plausibel, doch gibt er hier einige Schwachpunkte. Es ist vor allem so – und das wird auch von Dispensationalisten erkannt – daß der Heilige Geist nach biblischer Aussage ja auch noch *nach* der Entrückung der Gemeinde auf Erden vorhanden ist. Deshalb wird gesagt, daß der Heilige Geist seine Arbeit wenigstens *zum Teil* auf Erden fortführen werde, auch wenn er hinweggenommen sei.

Im Grunde findet sich hier ein Widerspruch, und deshalb versucht man, so zu argumentieren: Der Heilige Geist wird nur im Blick auf seine spezielle Tätigkeit der Gemeinde-Ausbreitung hinweggenommen, aber es wird doch immer wieder Erweckungen geben, auch unter der Herrschaft des Antichristen. Damit will man auch die Bibelstellen erklären, die bezeugen, daß in der Trübsalszeit noch Gläubige vorhanden sind (z.B. in Mt 24 parr. und Offb 6 ff.). Hier handele es sich um „Neubekehrungen“, wodurch der Heilige Geist in gewissem Sinne weiterwirke.

So schreibt etwa René Pache (Die Wiederkunft Jesu Christi, Wuppertal, 11. Auflage 1987, S. 94): „Vergessen wir dabei nicht, daß der Heilige Geist, auch nach der Entrückung der Gemeinde, in den Menschen, die guten Willens sind, noch wirken wird. Während der großen Trübsal wird Er über Israel ausgegossen werden, es zur Bekehrung zu führen. Sach 12,10; Hes 39,29; Jes 59,20–21. Wir wissen auch, daß zur gleichen Zeit eine Menge aus allen Völkern gerettet wird. Offb 7,9.14. Da nun der Glaube an Christus ohne den Beistand des Heiligen Geistes unmöglich ist, muß dieser wenigstens zum Teil Seine Arbeit auf Erden fortführen."

Aber man merkt: Hier liegt ein schwacher Punkt in der Argumentation. Entweder ist das Aufhaltende hinweggetan oder es ist dann doch vorhanden.

– Daher tendiere ich am ehesten zur Deutung, daß es sich beim „Aufhaltenden" um *Engel* handelt, die auch an anderen Stellen – zum Beispiel fast durchgehend in der Johannesoffenbarung – mit dem „Zurückhalten" oder „Loslassen" von Gerichten in Verbindung gebracht werden. Hierzu meint Werner de Boor: „ ... in Dan 10 ... sehen wir, wie die gewaltigen Geister, die wir ‚Engel' nennen und von denen Paulus in Röm 8,38 und Kol 1,16; 2,15 als von Engeln, Thronen, Herrschaft und Mächten redet, nicht etwa nur ‚im Himmel' sind und dort ein beschauliches Dasein mit Singen und Loben führen, sondern an der Weltgeschichte handelnd teilnehmen und hinter so vielem stehen, was für unser Auge unbegreiflich und rätselhaft geschieht. Wenn aber die unsichtbare Welt der guten und bösen Geistermächte schon am Schicksal Israels so lebhaft interessiert war, wie Dan 10 es uns erkennen läßt, sollte sie dann nicht erst recht am Werden des antichristlichen Weltreiches fördernd oder auch hemmend beteiligt sein? ‚Das Aufhaltende' wäre danach ganz allgemein die Tatsache dieser Engelwelt, die dem Geheimnis der Bosheit nicht einfach freien Lauf läßt, sondern ihm hemmend im Wege steht. Und unter ‚dem Aufhaltenden' hätte Paulus einen großen Engelfürsten verstanden, über den er besondere Aufschlüsse haben konnte, so gut wie sie ein Daniel nach Kap. 10 seines Buches bekam" (W. de Boor, Der Brief des Paulus an die Thessalonicher, WStB, Wuppertal/Zürich 1994, S. 141 f.).

Marvin Rosenthal weist in seiner Kritik der Vorentrückungslehre (vgl. Kap. 5.6.6.) ebenfalls auf die Möglichkeit der Engel, insbesondere des Erzengels Michael, als des „Aufhaltenden" hin. Er nennt als Beleg u.a. folgende Bibelstellen:

– Dan 10,12 f. beschreibt die Schutzfunktion, welche der Engelfürst Michael für Gottes Volk besitzt.

– Offb 12 beschreibt den Kampf des Erzengels Michael und weiterer Engel mit dem Drachen, dem Satan; im anschließenden Kapitel Offb 13 wird das Auftreten des Antichristen („Tier aus dem Meer") und seines falschen Propheten („Tier aus dem Abgrund") beschrieben.

– In Jud 9 ist zu lesen, daß „der Erzengel Michael mit dem Teufel rechtete und über den Leichnam des Moses stritt". Sollte Mose einer der zwei Zeugen in Offb 11 sein (vgl. Kap. 5.5.1.), so wird im Zusammenhang mit Offb 11,3 deutlich, „daß der Streit, den Michael, der Wächter Israels, mit dem Satan über den Leichnam des Moses hatte, den genauen Zeitpunkt der Großen Trübsal bezeichnet und die Situation beschreibt, in der der Aufhaltende zur Seite tritt" (M. Rosenthal, a.a.O., S. 297 ff.).

Nun betrachten wir weitere Bibelstellen, die für die Vorentrückung ins Feld geführt werden.

– *Offenbarung 20,4:* „Und ich sah Throne, und sie setzten sich darauf, und ihnen ward gegeben das Gericht. Und ich sah die Seelen derer, die enthauptet sind um des Zeugnisses von Jesus und um des Wortes Gottes willen, und die nicht angebetet hatten das Tier noch sein Bild und nicht genommen hatten sein Malzeichen an ihre Stirn und auf ihre Hand; diese wurden lebendig und regierten mit Christus tausend Jahre."

Gläubige werden hier genannt, die mit Christus die Welt richten und regieren. Sie sind vor Beginn des Tausendjährigen Reiches den Märtyrertod gestorben. Hieraus folgt allerdings nicht die Vorentrückung vor der Trübsal. Es ist ja hier die Rede von solchen, die in der Trübsalszeit nicht das Malzeichen des Tieres angenommen hatten. Es sind also die Überwinder aus der Trübsalszeit, die mit Christus lebendig werden und tausend Jahre regieren. Von einer Vorentrückung ist hier nicht die Rede, nur davon, daß die Blutzeugen der Trübsalszeit wieder auferweckt werden, um im Tausendjährigen Reich mit Christus zu herrschen.

– *Offenbarung 3,10:* „Weil du bewahrt hast das Wort von meiner Geduld, will ich auch dich bewahren vor (oder: aus) der Stunde der

Versuchung, die kommen wird über den ganzen Weltkreis, zu versuchen, die da wohnen auf Erden."

Die entscheidende Frage ist, was das *„kago se teréso ek tes horas tou peirasmou"* bedeutet. Entweder bedeutet es „Ich will dich *heraus aus* der Stunde der Versuchung erretten" – oder „Ich will dich *durch* die Versuchung *hindurch* festhalten bzw. beschützen". Pentecost weist – unter Rückgriff auf ein Zitat von Henry C. Thiessen – auf beide Auslegungsmöglichkeiten hin, gibt dann aber der ersteren den Vorzug. Er stützt sich dabei auf 1. Thess 1,10 als „Parallelstelle": „ ...der uns aus (ek) dem kommenden Zorn heraus errettet". – Aber auch diese „Parallelstelle" gibt nicht so viel her, wie Thiessen und Pentecost erwarten, denn auch hier kann einfach gemeint sein, daß Jesus die Seinen bewahrt und aus dem Zorn herausrettet, der bereits angebrochen (!) ist.

Das gleiche gilt für die Stelle Joh 17,15, die Jeffrey L. Townsend als Beleg und Parallele zu Offb 3,10 anführt. „Vor dem Bösen bewahren" (terein ek tou ponerou) deutet Townsend als „Bewahrung in einer Position ausserhalb eines Objektes" – und das würde bedeuten, daß die Jünger – wie bei der Entrückung – aus dem „Einflussbereich Satans" herausgenommen sind (J. L. Townsend, Die Entrückung in Offenbarung 3,10, in: Wenn die Posaune erschallt, S. 402). – Aber diese Deutung widerspricht gerade dem Kontext in Joh 17,15, wo Jesus ausdrücklich betont: „Ich bitte dich nicht, daß du sie aus der Welt nimmst (!), sondern daß du sie bewahrst vor dem Bösen." Es ist eine gekünstelte Interpretation, wenn Townsend – entgegen der sonstigen Deutung von „kosmos" als „gottfeindliche Welt" in den johanneischen Schriften – schreibt: „Die Jünger befanden sich in geistlicher Hinsicht nicht im Machtbereich des Bösen, als Jesus das Gebet sprach" (a.a.O., S. 401). Sie befanden sich sehr wohl darin, aber Jesus wollte und will sie inmitten des Machtbereichs des Bösen (kosmos) vor dem Bösen selber (Satan) bewahren. Joh 17,15 spricht somit gerade nicht für eine Vorentrückung, sondern für die Bewahrung der Gemeinde inmitten der Trübsal.

Die grundlegendere Frage jedoch ist, ob sich die konkrete Stelle Offb 3,10 auf die Philadelphia-Gemeinde oder auch auf die Endzeit-Gemeinde bezieht. Man kann diese Stelle heils- oder endgeschichtlich, aber auch rein zeitgeschichtlich (auf das 1. Jahrhundert n. Chr. bezogen) interpretieren, da sie ja – im Unterschied zu den darauf folgenden Kapiteln! – einen konkreten historischen Adressaten besitzt. In letzterem Falle wird gesagt: Die Philadelphia-Gemeinde wird während der Christenverfolgung zur römischen Zeit von ihrem Herrn bewahrt. Trifft diese Deutung zu, dann schließt dies natürlich alle anderen Deutungen ohnehin aus. Diese Frage jedoch hängt, wie an anderer Stelle dargestellt, von der hermeneutischen Position ab.

– *Offenbarung 5,8–10:* „Und als es das Buch nahm, da fielen die vier Gestalten und die vierundzwanzig Ältesten nieder vor dem Lamm, und ein jeder hatte eine Harfe und goldene Schalen voll Räucherwerk, das sind die Gebete der Heiligen, und sie sangen ein neues Lied: Du bist würdig, zu nehmen das Buch und aufzutun seine Siegel; denn du bist erwürgt und hast mit deinem Blut für Gott erkauft Menschen aus allen Geschlechtern und Sprachen und Völkern und Nationen und hast sie unserem Gott zu Königen und Priestern gemacht, und sie werden herrschen auf Erden."

Jesus Christus, das Lamm Gottes, hat Menschen erkauft. Die 24 Ältesten stehen vor dem Thron und sagen: „Du hast Menschen für Gott erkauft." Es heißt aber im „Textus receptus": „Du hast *uns* für Gott erkauft." Von prätribulationalistischer Seite wird deshalb argumentiert, daß diese 24 Ältesten die ganze Leibesgemeinde repräsentieren würden, so daß sie stellvertretend für diese stehen.

John F. Walvoord beruft sich darauf und sagt zunächst einmal über den „Textus receptus": „Dieser Text ist wissenschaftlich überholt und wird heute nicht mehr benutzt." Aber dennoch führt er aus: „Wenn der ‚Textus receptus' richtig ist, dann repräsentieren die 24 Ältesten, die erkauft wurden, diejenigen, die schon errettet und belohnt wurden. Da hier die Zeit vor dem zweiten Kommen Jesu gemeint ist, hieße das, daß die Gemeinde schon entrückt und am Richterstuhl Christi belohnt wurde und sich jetzt im Himmel befindet. Wenn auch beide Lesarten die Entrückung vor der Trübsal unterstützen, erlaubt der revidierte Luthertext noch andere Deutungen. Obwohl in vielen Fällen der textus receptus der schlechtere ist, spricht meines Erachtens in diesem besonderen Fall mehr für den textus receptus. Zwar läßt sich die Angelegenheit nicht vollständig lösen, dennoch wird hier die Entrückung vor der Trübsal eher unterstützt als widerlegt“ (Brennpunkte biblischer Prophetie, Neuhausen-Stuttgart 1992, S. 253).

Ich meine allerdings, das ist ein sehr wackeliges Argument. Denn die Deutung der 24 Ältesten auf die Gesamtgemeinde erfolgt rein allegorisch und durch eine Entscheidung für die unwahrscheinlichere Textvariante. Die 24 Ältesten mögen zwar zusammen den Alten Bund (12 Stämme Israels) und den Neuen Bund (12 Apostel) repräsentieren, aber das muß keineswegs bedeuten, daß diejenigen, die sie repräsentieren, sich bereits alle vor dem Thron Gottes befinden.

– Weiter wird argumentiert, daß in der *Johannes-Apokalypse* die Gemeinde in den *Kapiteln 4–18* nicht vorkomme, die von den Gerichten handeln, also von der Trübsalszeit. Die Gemeinde erscheine erst wieder in Kapitel 19 der Offenbarung. – Allerdings ist auch das nicht zwingend, denn es ist in den Kapiteln 4–19 immer wieder von „Heiligen“, von „Überwindern“ die Rede, die durchaus die Gemeinde repräsentieren können. Und man fragt sich natürlich, warum so viele Kapitel der Offenbarung geschrieben worden wären, wenn diese für die Gemeinde keinerlei Belang hätten. Ich denke, daß zwar der Begriff „Gemeinde“ als solcher hier nicht vorkommt, aber daß doch die Gemeinde (oder ein Teil von ihr) in Form der Überwinder zumindest erwähnt wird.

Der *Gesamtkontext* der Bibel macht ferner deutlich, daß die Gemeinde nicht jedem Gericht entrinnen wird. Das würde auch der bisherigen Kirchengeschichte nicht entsprechen. Es gab auch in der Urchristenheit Verfolgungen und die ganze Kirchengeschichte hindurch. Warum sollte das gerade am Ende ganz anders sein?

Matthäus 24 schließlich ist das Kapitel, welches mich persönlich am meisten fragend macht gegenüber dem Prätribulationismus. Hier werden ganz ausführlich die Zeichen der Endzeit geschildert. Ich finde es sehr verkürzend, wenn manche Autoren („Ultra-Dispensationalisten“) Mt 24 parr. nur auf Israel beziehen. Sicherlich nimmt Israel hier eine große Stelle ein, etwa in Bezug auf den „Greuel der Verwüstung“, der an heiliger Stätte steht. Aber die

Zeichen und Wehen – so denke ich – laufen viergleisig: die Gemeindelinie, die Israellinie, die Missionslinie und die Gerichtslinie.

Die Gemeinde wird in Mt 24 m.E. durch den Begriff der „Auserwählten“ charakterisiert. Es wird etwa gesagt, daß die Tage der Trübsal um der Auserwählten willen verkürzt werden (Mt 24,22). Von prätribulationistischer Seite wird das so gedeutet, daß die „Auserwählten“, die hier genannt werden, diejenigen seien, die sich während der Trübsalszeit bekehren würden, daß also neue Gemeinden entstehen, nachdem die Leibesgemeinde schon hinweggenommen ist. Allerdings halte ich das für eine Hilfskonstruktion, weil ein Bruch in dieser Hinsicht in Mt 24 nicht erkennbar ist, sondern es ist einfach von den „Auserwählten“ die Rede. Es wird nicht gesagt, daß es spezielle Auserwählte sind, die sich dann erst bekehren würden. Ferner wäre es seltsam, wenn dieses ganze Kapitel gar keinen Bezug zu uns heute sowie zur gesamten Kirchengeschichte hätte, wo doch immer wieder Verfolgungen, Bedrängnisse, falsche Christusse und falsche Propheten aufgetreten sind und die Weltmission Erfolge erzielt hat. Ich denke, daß sich solche Entwicklungen lange anbahnen und am Ende zuspitzen.

Es gibt allerdings ein Hauptargument des Prätribulationismus, das ich noch nennen möchte: Es ist der Appell Jesu, daß wir *allezeit wachsam* sein sollten, weil er zu jeder Minute wiederkommen kann (vgl. Mt 24,42 ff. 25,1 ff.). Dies könnte darauf hindeuten, daß Jesus wiederkommt, bevor der Antichrist sichtbar und für alle erkennbar auftritt, weil wir ja allezeit wachsam sein sollen. Denn man könnte ja argumentieren: Wenn es so deutlich ist, daß der Antichrist da ist, dann ist ohnehin die Situation klar, dann muß man nicht allezeit wachsam sein.

Aber auch das ist nicht so eindeutig, denn der Antichrist wird sich ja zunächst tarnen, er wird zunächst ein Reich mit Sicherheit und Frieden errichten und es wird eine immer engere Vernetzung geben. Manche werden es vielleicht merken, viele aber auch noch nicht, d. h. die Entrückung könnte auch erfolgen, wenn der Antichrist schon da ist, wenn seine Siebenjahresherrschaft begonnen hat, weil ihn am Anfang noch nicht alle erkennen werden, vielleicht sogar nur wenige. Also ist dieses Argument letztendlich auch nicht hundertprozentig überzeugend. So kann also die Entrückung durchaus in die Trübsalszeit hinein verlegt werden. Denn es heißt ja ausdrücklich: „Wenn sie sagen werden: es ist Friede, es hat keine Gefahr – dann wird sie das Verderben schnell überfallen wie die Wehen eine schwangere Frau, und sie werden nicht entfliehen“ (1. Thess 5,3).

Außerdem erleben wir ja Vorschattungen der Gerichte. Die Grenze zur Trübsalszeit könnte fließend sein. Das Bündnis am Anfang der sieben Jahre, welches der Antichrist mit Israel schließt (vgl. Dan 9,27), ist sicherlich ein eindeutigeres Kriterium, aber bei der Fülle der (gebrochenen) Friedensverträge der letzten Jahre und Jahrzehnte auch nicht leicht zu erkennen. Es sagt nicht aus, ob die Entrückung unbedingt vorher schon erfolgt sein muß.

Auf die weiteren Modelle gehe ich kürzer ein.

5.6.5. Die Lehre der Nachentrückung (Posttribulationismus)

Die Argumente, die gegen die Vorentrückung angeführt wurden, sprechen nicht automatisch für die Nachentrückung, verleihen dieser aber doch eine gewisse Wahrscheinlichkeit. Insbesondere das Argument, daß es während der Trübsalszeit *Gläubige* auf der Erde gibt, daß sich also wahrscheinlich die Gemeinde während der Trübsalszeit noch auf der Erde befindet (so die ungekünsteltste Deutung von Stellen wie Mt 24 und Lk 21), scheint ein starkes Indiz für die Nachentrückungs-Lehre zu sein (s.o.).

Ein weiteres Argument, welches für die Entrückung der Gemeinde nach der Trübsalszeit (Posttribulationismus) ins Feld geführt wird, lautet: Nach *Mt 13,24–30* werden Unkraut und Weizen zusammen aufwachsen „bis zur Ernte“. Der Weizen wird in die Scheunen gesammelt, nachdem das Unkraut ins Feuer geworfen ist (V. 30). Aber sie werden zusammen aufwachsen bis ans Ende, bis das Gericht erfolgt – entweder Strafe („Feuer“) oder Belohnung. Eine vorherige Wegnahme des Weizens (= Entrückung) ist hiernach genauso wenig möglich wie eine vorherige Wegnahme des Unkrauts. – Allerdings – so ist kritisch zu vermerken – handelt es sich hier um ein Gleichnis, das im Blick auf einzelne Stationen des

Endgeschehens keine detaillierten Aussagen macht und daher nicht überinterpretiert werden sollte. Auch in der Auslegung, die Jesus selber seinen Jüngern gibt, wird nur allgemein vom „Ende der Welt" gesprochen (Mt 13,40) – ohne bestimmten Entrückungszeitpunkt.

Ferner kann man gerade *2. Thess 2*, eine „Hauptbelegstelle" des Prätribulationismus, auch für den Posttribulationismus anführen, weil da gesagt wird, daß der Herr nicht kommt, bevor der Antichrist kommt, bevor der Abfall vom Glauben eintritt. Wenn man von nur *einer* Wiederkunft Jesu Christi ausgeht, müßte man sagen: Jesus kommt nicht wieder, bevor der Antichrist sichtbar aufgetreten ist und der Glaubensabfall stattgefunden hat. Man kann diese Stelle also gerade auch andersherum verwenden, als der Prätribulationismus es tut. Die Frage bleibt nur, was das ist, das den Antichristen noch aufhält. Hierzu gibt es die unterschiedlichsten Deutungen, aber keine letzte Gewißheit (s.o.).

Trotz dieser Argumente für den Posttribulationismus neige ich eher einer anderen, im deutschsprachigen Raum bisher relativ unbekannten Möglichkeit zu, die ich im nächsten Abschnitt skizziere.

5.6.6. Die Entrückung vor dem Zorn Gottes (Pre-Wrath-Rapture)

Dieses Modell berührt sich mit der Lehre von der Entrückung in der Mitte der Trübsalszeit (engl. mid-tribulationism), ist aber nicht mit ihr identisch, da die Entrückung zeitlich *nach der Mitte der sieben Jahre, aber doch vor ihrem Ende* eingeordnet wird. Marvin Rosenthal vertritt die „Entrückung vor dem Zorn Gottes" in seinem Buch „The Pre-Wrath Rapture of the Church", das in deutscher Sprache unter dem verallgemeinernden Titel „Was glauben sie über die Wiederkunft Christi?" (Solingen 1994) erschienen ist.

Die „Entrückung vor dem Zorn Gottes" geschieht während der siebenjährigen Trübsalszeit, aber nicht in der Mitte, auch nicht am Anfang, auch nicht am Ende, sondern im letzten Dreiviertel, etwa im 4. oder 5. Jahr, bevor das Gericht über den Antichristen erfolgt und der Zorn Gottes sich entfaltet. Der Antichrist regiert dann also schon. Die Entrückung erfolgt während der Herrschaft des Antichristen, auf dem Höhepunkt seiner Gewaltherrschaft. Rosenthal schreibt:

„1. Die Bibel lehrt, daß es eine noch in der Zukunft liegende Zeitperiode von sieben Jahren geben wird. Innerhalb dieser Zeitspanne wird der Antichrist auftauchen, es wird zur Großen Trübsal kommen, die Kirche wird entrückt werden und der Zorn des Tages des Herrn wird zu wirken beginnen. Dieser Zeitrahmen wird die siebzigste Woche Daniels genannt ...

2. Die Bibel lehrt, daß diese siebzigste Woche in drei große Abschnitte aufgeteilt ist: der Beginn der Trübsal (Mt 24,8), die große Trübsal (Mt 24,21; praktisch in der Mitte beginnend, wenn der Antichrist sich offenbart; L. G.) und der Tag des Herrn (Mt 24,30–31; dieser beginnt nach Rosenthals Ansicht schon während der Trübsal; L. G.).

3. Die Bibel lehrt, daß die Große Trübsal (‚die Notzeit Jakobs') in der Mitte dieser Sieben-Jahres-Periode beginnt, doch nicht bis zu deren Ende dauert. Die Große Trübsal wird verkürzt; ihr folgen kosmische Erschütterungen (Mt 24,22; Mk 13,24–25)" (a.a.O., S. 342 f.).

Die Tage werden für die Auserwählten verkürzt werden (vgl. Mt 24,22), so daß also die Entrückung für sie in der zweiten Hälfte der sieben Jahre erfolgen könnte, bevor der Zorn über die Erde vollends ergeht. Und zwar sagt Rosenthal: vor dem Öffnen des siebten Siegels (a.a.O., S. 343). Er beruft sich auf Offenbarung 7,14 und 8,1 f. In Offenbarung 7 ist die Rede von der großen Schar der Überwinder, die vor dem Throne Gottes steht. In Vers 14 heißt es: „Und ich sprach zu ihm: Herr, du weißt es. Und er sprach zu mir: Diese sind's, die gekommen sind aus der großen Trübsal und haben ihre Kleider gewaschen und haben ihre Kleider hell gemacht im Blut des Lammes. Darum sind sie vor dem Thron Gottes und dienen ihm Tag und Nacht in seinem Tempel." In Offb 8,1 beginnt die Öffnung des siebten Siegels. Die ersten sechs Siegel sind aufgebrochen, die apokalyptischen Reiter losgelassen. Die Gemeinde muß also nach der „Vor-dem-Zorn-Theorie" durch diese sechs Gerichte durch, aber vor dem siebten Siegel wird sie entrückt –

vorausgesetzt, man nimmt diese Reihenfolge wirklich so, wie sie dasteht.

Es gibt ja auch die Ansicht paralleler Entwicklungen in der Offenbarung – so wie es Anhänger des Amillennialismus vertreten. Es handle sich um keine zeitliche Abfolge, sondern um kreisförmige Beschreibungen von Visionen, die sich mehrmals wiederholen. Siegel-, Posaunen- und Zornschalengerichte und teilweise auch die Gerichte untereinander seien letztendlich miteinander identisch.

Ich meine hingegen, daß sich in Detailschilderungen – auch bei der Darstellung der Gerichte – sicherlich symbolische Elemente finden, daß aber die grundsätzliche Abfolge der Endzeit-Ereignisse nicht einfach allegorisiert werden darf, sondern in ihrem Wortsinn ernstgenommen werden sollte (vgl. Kap. 5.1.).

Rosenthal weist auch darauf hin, daß der Glaubensabfall und die Offenbarung des Menschen der Gesetzlosigkeit dem Tag des Herrn vorangehen (2. Thess 2): „Daher kann der Tag des Herrn nicht beginnen, ehe nicht die ersten fünf Siegel aufgebrochen werden bzw. die siebzigste Woche nicht begonnen hat ... Die Bibel macht klar, wann der Tag des Herrn beginnt. Es muß nicht erraten werden. Er wird beim Öffnen des siebten Siegels beginnen. Johannes schrieb: ‚der große Tag ihres Zornes ist gekommen‘ (Offb 6,17)“ (a.a.O., S. 343).

5.6.7. Ergebnis

So plausibel diese letzte Argumentation zu klingen scheint und so sehr ich ihr zuneige, so ist doch auch hier Zurückhaltung geboten. Dispensationalistisch denkende Autoren haben sich inzwischen umfassend mit Rosenthal auseinandergesetzt, ohne ihn jedoch m.E. in allen entscheidenden Punkten widerlegen zu können (vgl. v.a. das wohl als Reaktion auf Rosenthal, Gundry und andere Autoren entstandene voluminöse Werk „Wenn die Posaune erschallt“, Pfäffikon 2000, mit 21 Aufsätzen für die Verteidigung der Vorentrückungslehre). Die Diskussion über den Zeitpunkt der Entrückung geht jedenfalls weiter, und vielleicht konnten auch die vorausgegangenen Ausführungen ein kleiner Beitrag dazu sein. Ich selber möchte dabei – im Wissen, daß unsere menschliche Erkenntnis in solchen schwierigen Fragen „Stückwerk“ ist (1. Kor 13,12) – für andere Sichtweisen offenbleiben und die Glaubensgeschwister, die sie vertreten, anhören, respektieren und lieben.

Im Hinblick auf *alle* Modelle, die mit der Wiederkunft Jesu und der Entrückung der Gemeinde zu tun haben, ist an die Worte Jesu zu erinnern: „Von dem Tage aber und von der Stunde weiß niemand, auch die Engel im Himmel nicht, auch der Sohn nicht, sondern allein der Vater ... Darum wachet; denn ihr wißt nicht, an welchem Tag euer Herr kommt“ (Mt 24,36.42). „Es gebührt euch nicht, Zeit und Stunde zu wissen, die der Vater in seiner Macht bestimmt hat“ (Apg 1,7).

Die Frage nach dem Zeitpunkt der Entrückung ist wichtig, aber nicht heilsentscheidend. Entscheidend dagegen ist die Erlösung des Sünders durch Jesus Christus allein aus Gnaden sowie die ständige Wartebereitschaft bezüglich der Wiederkunft des HERRN.

5.7. Die letzten Dinge

5.7.1. Auferstehung(en)

Eine Hauptdiskussionsthematik in der evangelikalen Eschatologie bezieht sich auf die Frage, wieviele Auferstehungen und Gerichte es gibt. Manche behaupten, es seien bis zu sieben (!) verschiedene Auferstehungen und Gerichte, bezogen auf unterschiedliche Personen und Personengruppen. Allerdings ist das zu hinterfragen.

Prinzipiell – und darin sind sich alle einig – spricht die Heilige Schrift von zwei unterschiedlichen Auferstehungen: von der *Auferstehung zum ewigen Heil und Leben* – und von der *Auferstehung zur ewigen Verdammnis* (Mt 25,34.40 f.; Joh 5,28 f.).

Die Auferstehung zum Leben ist die Auferstehung der Gerechten. Sie wird auch als „erste Auferstehung“ bezeichnet. „Glückselig und heilig, wer Teil hat an der ersten Auferstehung. Über diese hat der zweite Tod keine Gewalt, sondern sie werden Priester Gottes und Christi sein und mit ihm herrschen tausend Jahre“ (Offb 20,6). Hier zeigt sich allerdings bereits, daß diese erste Auferstehung womöglich den tausend Jahren des Millenniums vorausgeht. Da beginnen schon die Schwierigkeiten. Amillenniaristen legen diese Ereignisse zusammen. Für sie gibt es kein Tausendjähriges Reich und daher auch keine Auferstehung(en) vor diesem Reich. Wenn es allerdings in Offb 20,5 heißt „Die übrigen Toten wurden nicht lebendig, bis die tausend Jahre vollendet waren“, so deutet das meines Erachtens darauf hin, daß doch ein zeitlicher Unterschied existiert.

Die zwei unterschiedlichen Auferstehungen können deshalb weiter unterteilt werden. Ich möchte zwei Modelle skizzieren, wie eine solche Unterteilung aussehen kann. Dwight J. Pentecost spricht von fünf, John F. Walvoord sogar von sieben verschiedenen Auferstehungen. Unmittelbar nach der Darstellung der Position füge ich meine Beurteilung an.

Die fünf Auferstehungen sind nach *Pentecost* (Bibel und Zukunft, Dillenburg 1993, S. 412–427) folgende:

1. Die erste Auferstehung ist nach 1. Korinther 15,23 und vielen anderen Stellen die *Auferstehung Jesu Christi.* – Ich denke, da sind sich alle einig, daß diese schon geschehen ist, und zwar als Grundlage und Vorschattung für das, was am Ende der Tage allgemein geschehen wird. Die allgemeine Totenauferstehung hat in Christus ihre Ermöglichung und Vorwegnahme erfahren.

2. Das zweite ist nach Pentecost und der Ansicht anderer dispensationalistischer Autoren die Auferstehung der *Heiligen oder Gläubigen des Gemeindezeitalters bei der Entrückung* nach 1. Thess 4,16. Pentecost geht von der Vorentrückung aus, also davon, daß dies am Anfang der 70. Jahrwoche nach Daniel 9,24–27 geschieht. – Da die Vorentrückung aber keineswegs gesichert ist (siehe Kap. 5.6.4.), ist auch dieser Zeitpunkt fraglich. Dies schließt allerdings eine Entrückung mit der damit verbundenen Auferstehung der bereits früher verstorbenen Gerechten zu einem anderen Zeitpunkt (z.B. während der Trübsalszeit) nicht aus.

3. Die dritte Auferstehung ist nach Pentecost die Auferstehung der *Heiligen der Trübsalszeit.* Nach der Trübsalszeit werden die Heiligen, die Märtyrer erweckt, die sich (nach prätribulationistischer Ansicht) in diesem Zeitraum bekehrt haben, um mit Christus im Tausendjährigen Reich zu herrschen (Offb 20,4–6). – In der Tat

wird es diese Auferstehung geben, selbst wenn man die Entrükkung anders datiert als Pentecost.

4. Die vierte Auferstehung, welche laut Pentecost gleichzeitig mit der dritten erfolgt, ist die Auferstehung der *alttestamentlichen Heiligen*. Diese findet ebenfalls am Ende der Trübsalszeit statt, wenn Christus auf die Erde kommt. Prätribulationistische Autoren berufen sich dabei auf Daniel 12,1–2: „Denn es wird eine Zeit so großer Trübsal sein, wie sie nie gewesen ist, seitdem es Menschen gibt, bis zu jener Zeit. Aber zu jener Zeit wird dein Volk errettet werden, alle, die im Buch geschrieben stehen. Und viele, die unter der Erde schlafen liegen, werden aufwachen, die einen zum ewigen Leben, die andern zu ewiger Schmach und Schande." – Liest man jedoch diese Worte genau, dann sieht man, daß hier die Auferstehung zur Verdammnis in einem Atemzug mit der Auferstehung zum Heil genannt wird. Es wird zwar die „Trübsal" erwähnt, aber eine zeitliche Differenzierung der Auferstehungen ist nicht erkennbar.

5. Dann gibt es die letzte Auferstehung, die fünfte bei Pentecost. Das ist die Auferstehung nach dem Millennium, die Auferstehung der *Ungläubigen zum Gericht*, zur Verdammnis nach Offb 20,5 und 11–15, die unbestritten ist.

Die ersten vier Auferstehungen, welche Pentecost beschreibt, gehören allesamt zur Auferstehung zum Leben. Nur die letzte ist die Auferstehung zum Gericht, zur Verdammnis.

Noch detaillierter geht *Walvoord* (Brennpunkte biblischer Prophetie, Neuhausen-Stuttgart 1992, S. 340–343) vor:

1. Die erste Auferstehung ist auch hier die *Auferstehung Jesu.*

2. Die zweite Auferstehung (die Frage ist hier, ob man von einer wirklichen Auferstehung reden kann) ist die Auferstehung nach *Matthäus 27,50–53*: „Aber Jesus schrie abermals laut und verschied. Und siehe da, der Vorhang im Tempel zerriß in zwei Stücke von obenan bis untenaus. Und die Erde erbebte, und die Felsen zerrissen, und die Gräber taten sich auf, und standen auf viele Leiber der Heiligen, die da schliefen, und gingen aus den Gräbern nach seiner Auferstehung und kamen in die heilige Stadt und erschienen vielen." – Aber weiter ist nichts gesagt, was mit

ihnen geschehen ist. Man kann dieses Ereignis sicherlich unter Auferstehungen im weiteren Sinne rechnen. Es stellt sich allerdings die Frage, ob die Menschen, die damals unmittelbar nach der Kreuzigung und Auferstehung Jesu auferstanden sind, wirklich schon in den Himmel versetzt wurden oder ob sie wieder starben. Gewiß ist Letzteres der Fall. Man beachte dabei übrigens, daß die verstorbenen Heiligen nicht während der Kreuzigung Jesu auferstanden sind, wie man vielleicht zunächst liest, sondern erst nach seiner Auferstehung.

3. Die dritte Auferstehung wird wiederum mit dem Zeitpunkt der *Entrückung* der Gemeinde vor der Trübsal gleichgesetzt („Die Toten in Christo werden auferstehen zuerst"). – Zur Kritik siehe das oben Gesagte.

4. Als vierte Auferstehung wird die Auferstehung der *zwei Zeugen* nach Offenbarung 11 genannt, die auf den Straßen Jerusalems zur Buße rufen werden, erschlagen werden auf Befehl des Antichristen und dann wieder auferstehen. Das ist sicherlich so der Fall.

5. Die fünfte Auferstehung nach Offenbarung 20,4–6 ist dann wiederum wie bei Pentecost die der *Märtyrer der großen Trübsal*, also derjenigen, die sich während der Trübsal bekehrt und das Martyrium, das Blutzeugenopfer erlitten haben. Das sind die Heiligen in der Zeit zwischen Entrückung und Wiederkunft, die sich bekehren und sterben (s.o.).

6. Praktisch zeitgleich geschieht wiederum die Auferstehung der *alttestamentlichen Heiligen und Gläubigen* als sechste Auferstehung nach Daniel 12,2. Das ist nun aber nicht die vierte, sondern die sechste Auferstehung bei Walvoord. Er führt übrigens noch andere Stellen an, etwa Jes 26,19: „Aber deine Toten werden leben, deine Leichname werden auferstehen." Oder Hes 37,1 ff., wo beschrieben wird, wie Gott sein Volk aus den Gräbern herausholt und seinen Lebensatem in sie hineingibt. – Die letztgenannte Stelle kann man allerdings auch geistlich deuten, etwa im Sinne der Bekehrung der Israeliten in der Endzeit. Zur Kritik siehe auch das oben Gesagte.

7. Und als siebte Auferstehung wird dann wiederum die *allgemeine Totenauferstehung* zur Verdammnis, verbunden mit dem Gericht

vor dem großen weißen Thron nach Offenbarung 20,11–15, genannt. Diese ist in der evangelikalen Theologie unbestritten.

5.7.2. Gericht(e)

In Bezug auf die Gerichte (gemeint sind die endgültigen Gerichte über Menschen durch Gott, nicht die Gerichtskatastrophen, die über die Welt ergehen) finden sich in der prämillennialistischen und prätribulationistischen Literatur ähnliche Unterteilungen wie hinsichtlich der Auferstehungen. Hier werden grundsätzlich mindestens drei Gerichte unterschieden:

1. Das erste Gericht findet bei der ersten (unsichtbaren) Wiederkunft Christi statt, also bei der *Entrückung* der Gemeinde. Es ist das *„Preisgericht" nach 1. Kor 3,12–15.*

2. Das zweite Gericht erfolgt sieben Jahre danach *am Ende der Großen Trübsal.* Wer da im einzelnen gerichtet wird, werden wir gleich sehen.

3. Das dritte Gericht geschieht dann noch einmal tausend Jahre später vor dem *großen weißen Thron*, verbunden mit der allgemeinen Totenauferstehung.

Das erste Gericht nach der Entrückung bezieht sich auf die *Brautgemeinde der Erlösten*, weil andere dann noch nicht im Himmel sein werden.

Das zweite Gericht nach der Trübsalszeit bezieht sich auf die *Nationen*, die danach beurteilt werden, wie sie während der Trübsalszeit die Juden behandelt haben. Mt 25,40 („Was ihr einem meiner geringsten Brüder getan habt, habt ihr mir getan") wird von vielen Prämillennialisten auf die Juden bezogen.

Das dritte ist dann das Gericht über die *Gottlosen.*

Amillennialisten halten dieser Dreiteilung entgegen, daß die Bibel von *einem* „Tag des Herrn", von *einem* Gerichtstag sprechen würde, an dem alles erfolgt. Dieser Tag des Herrn werde immer wieder betont, schon im Alten Testament, und man könne die Ereignisse, die an ihm stattfinden, nicht auseinanderreißen.

Wenn man aber aufteilt, kommt man zu unterschiedlichen Schemata. *Charles C. Ryrie* (Basic Theology, Wheaton/Illinois 1986, S.

512–516) spricht sogar von sieben unterschiedlichen Gerichten (im folgenden wieder gleich meine Beurteilung dieser Sicht):

1. Das erste Gericht ist das sogenannte *Preisgericht*. Es bezieht sich auf die entrückte Gemeinde. Deren Glieder sind alle schon gerettet, wenn auch manchmal wie durch das Feuer hindurch, aber es wird darum gehen, ob ihre Werke Bestand haben werden, ob sie verbrennen wie Stoppeln im Feuer oder ob sie beständig sind wie Gold, Silber u.ä. – Hierzu ist anzumerken: Gewiß ist in 1. Kor 3,12–15 davon die Rede, daß die Gläubigen unterschiedliche Frucht bringen und unterschiedlichen Lohn in der Ewigkeit erhalten werden, aber nirgends wird gesagt, daß dieses Gericht unabhängig vom „Tag des Herrn" (also zu einem früheren Zeitpunkt) stattfinden würde.

2. und 3. Das zweite und das dritte Gericht fallen für Ryrie zeitlich zusammen. Es ist das Gericht über die *alttestamentlichen Heiligen*, die auferstehen, und über diejenigen *Überwinder*, die sich während der Trübsalszeit bekehrt haben. Dieses Gericht erfolgt am Ende der Trübsalszeit. Ryrie folgert dies aus Dan 12,1–3 und Offb 20,4–6, muß aber zugeben: „Keine spezielle Erwähnung wird über Gericht und Belohnung gemacht; es kann nur angenommen werden, daß dies zur Zeit der Auferstehung stattfindet" (a.a.O., S. 514). – Somit gelten hier dieselben Vorbehalte, die oben bei der Frage der Auferstehung(en) genannt wurden.

4. und 5. Ebenfalls am Ende der Trübsalszeit und vor Beginn des Millenniums werden laut Ryrie die *überlebenden Juden* und die *Nationen* gerichtet (viertes und fünftes Gericht). Die Völker werden danach beurteilt, wie sie ihren Glauben bewährt haben, vor allem, ob sie den Juden Gutes getan haben oder nicht. Ryrie beruft sich dabei auf Hes 20,34–38, Joel 3,1 f. und Mt 25,31–46. – Aber an diesen schwer zu interpretierenden Stellen findet sich keinerlei zeitliche Einordnung des Gerichts – außer dem Hinweis: „wenn der Menschensohn kommen wird" (Mt 25,31), was wiederum auf den einmaligen „Tag des Herrn" hindeutet. In Mt 25 ist es zudem fraglich, ob mit den „Brüdern" wirklich nur die „Juden" gemeint sind und nicht vielmehr alle Jünger Jesu.

6. und 7. Die beiden letzten Gerichte – sie treten laut Ryrie nach dem Millennium ein – beziehen sich auf *Satan und die gefallenen*

Engel sowie auf die *Unerretteten.* Während es beim vierten und fünften Gericht Gerettete und Verlorene gibt, sind die im sechsten und siebten Gericht Verurteilten in jedem Fall verloren. Ihre Bestimmung ist der Feuersee (Offb 20,11–15).

In der Tat spricht Offb 20,11–15 vom endgültigen Weltgericht. Es fällt dem unbefangenen Leser der Bibel aber schwer, die Gerichte zeitlich auseinanderzureißen, wie Ryrie und andere es tun. Meines Erachtens läßt sich nur sagen, daß *beim Großen Weltgericht am Jüngsten Tag alle Toten gerichtet werden* – auch die, die im Buch des Lebens stehen. In Offb 20,12 heißt es ausdrücklich: „Und ein anderes Buch wurde aufgetan, welches ist das Buch des Lebens." Der Unterschied ist nur, daß diejenigen, welche im Lebensbuch des Lammes verzeichnet sind, nicht in den Feuersee oder feurigen Pfuhl geworfen werden, sondern in die himmlische Herrlichkeit gelangen (V. 15). Aber der endgültige Bestimmungsort – nach dem Zwischenzustand (vgl. Kap. 5.2.2.) – wird erst am Jüngsten Tag zugeteilt, nach dem Gott ja den neuen Himmel und die neue Erde erschafft, in dem die Erlösten leben werden.

Das meint auch Jesus Christus, wenn er spricht: „Wer an ihn (Gottes Sohn) glaubt, der wird nicht gerichtet; wer aber nicht glaubt, der ist schon gerichtet, denn er glaubt nicht an den Namen des eingeborenen Sohnes Gottes" (Joh 3,18). Wer an Jesus glaubt, der steht im Lebensbuch des Lammes – hier und jetzt. Und am Jüngsten Tag bei Großen Weltgericht wird ihm sein endgültiger Platz im Himmel zugeteilt.

5.7.3. Neuer Himmel und neue Erde

Was geschieht nach diesen Gerichten? Das neue Jerusalem kommt vom Himmel herab wie eine geschmückte Braut. Es wird einen neuen Himmel und eine neue Erde geben. Ganz deutlich sagt die Bibel, daß die bestehende Welt, der jetzige gottfeindliche Kosmos, *vergänglich* ist (vgl. Mt 24,35; 1. Kor 7,31; 1. Joh 2,17; 2. Petr 3,10–13; Offb 6; 8 f.; 16; 19 ff.). Die Elemente werden im Feuer zerschmelzen.

Danach wird eine *neue herrliche Welt* entstehen, die in ganz anderen Dimensionen verläuft als die uns bekannte, vorstellbare Wirklichkeit. Und deren Herrlichkeit ist so groß, daß sie mit einer Stadt verglichen wird, die Perlentore und die schönsten Edelsteine besitzt. Menschliche Worte können diese Herrlichkeit nur andeuten und erahnen lassen:

„Und ich sah einen neuen Himmel und eine neue Erde; denn der erste Himmel und die erste Erde sind vergangen, und das Meer ist nicht mehr. Und ich sah die heilige Stadt, das neue Jerusalem, von Gott aus dem Himmel herabkommen, bereitet wie eine geschmückte Braut für ihren Mann. Und ich hörte eine große Stimme von dem Thron her, die sprach: Siehe da, die Hütte Gottes bei den Menschen! Und er wird bei ihnen wohnen, und sie werden sein Volk sein, und er selbst, Gott mit ihnen, wird ihr Gott sein; und Gott wird abwischen alle Tränen von ihren Augen, und der Tod wird nicht mehr sein, noch Leid noch Geschrei noch Schmerz wird mehr sein; denn das Erste ist vergangen. Und der auf dem Thron saß, sprach: Siehe, ich mache alles neu!" (Offb 21,1–3).

Wie wird es im *Himmel* sein? Können wir etwas darüber sagen? In aller Demut und Vorfreude nenne ich die folgenden Punkte:

– Das Ziel lautet, daß wir Gott schauen, ihn lieben und ihm dienen dürfen (Offb 4 f.; 7,15; 22,4).

– Als Lohn erwartet uns ewige Seligkeit, Freude und Friede (1. Petr 1,9; Offb 7,16 f.).

– Der Weg zum Himmel führt allein über Jesus Christus, der für uns starb am Kreuz auf Golgatha (Joh 14,4; Apg 4,12; 1. Kor 3,11).

– Als Vorbereitung sollen wir trachten nach dem Reich Gottes und seiner Gerechtigkeit; dann wird uns alles andere aus Gnaden zufallen (Mt 6,33).

– Im Himmel wartet auf uns ein Erbe, das nicht vergeht (1. Petr 1,4).

– Wir werden Gott mit allen Engeln loben (Offb 4 f.).

– Wir werden einen neuen himmlischen Körper bekommen, der unverweslich, rein und voller Kraft ist (1. Kor 15,35 ff.).

– Wir werden reingewaschen sein durch das Blut Jesu Christi, des für uns geopferten Lammes, und weiße Kleider tragen (Offb 7,14).

– Hölle, Tod und Teufel können uns nicht mehr anfechten, auch nicht Krankheit und Leid, Hunger und Durst u.ä. (1. Kor 15,55–57; Offb 21,1 ff.).

– Der Himmel ist ein heiliger Ort, in den nichts Unreines hinein kann (Offb 21 f.).

– Feige Verleugner, Ungläubige, Frevler, Mörder, Unzüchtige, Okkultisten, Götzendiener, Lügner und alle anderen Sünder werden keinen Platz im Himmel haben – es sei denn, sie sind zu Jesus Christus umgekehrt und haben für ihre Schandtaten Buße getan (Offb 21,8).

– Für Gläubige aber gilt: Wir werden Könige und Priester Gottes sein (Offb 5,10).

– Wir werden Menschen aus allen Stämmen, Völkern, Sprachen und Nationen vor dem Thron Gottes treffen (Offb 7,8).

– Es wird für die Überwinder verschiedene Kronen geben: die Krone des Lebens für erduldete Versuchung (Jak 1,12), die Krone der Freude für Seelengewinner (1. Thess 2,9), die Krone der Gerechtigkeit für alle, die im Warten auf den HERRN standhaft geblieben sind (2. Tim 4,8), und die Krone der Treue für alle Blutzeugen Jesu Christi (Offb 2,10).

– Das neue Jerusalem, die Stadt aus dem Himmel, wird eine Schönheit und Reinheit besitzen, die mit menschlichen Worten nur angedeutet werden kann: reines Gold, Edelsteine, Perlentore, vollkommene Maße, Gott selbst ist ihr Licht (Offb 21 f.).

Treffend sagte der bekannte Erweckungsprediger Charles Haddon Spurgeon über die himmlische Herrlichkeit: „Die Straßen aus Gold werden uns wenig beeindrucken, und die Harfenklänge der Engel werden uns nur wenig erfreuen im Vergleich zu dem König in der Mitte des Thrones. Er ist es, der unsere Blicke und Gedanken an sich ziehen wird, der unsere Liebe entfachen und all unsere geheiligten Gefühle auf ein Höchstmaß unaufhörlicher Anbetung bringen wird. *Wir werden Jesus sehen.*“

Weitere Bücher des Verfassers

In alphabetischer Reihenfolge (mit allen Erscheinungsjahren)

- **Abbruch.** Schwangerschaftsabbruch – nicht nur das Baby stirbt dabei (mit U. Griesemann), Hänssler, 58 S., 1986 (vergriffen)
- **Abtreiben?** Fragen und Entscheidungshilfen (mit U. Griesemann), Christiana, 111 S., 1985 / 1989
- **Achtung Endzeit!** Ein biblischer Weckruf, Christlicher Kassettendienst Pforzheim, 48 S., 2002
- **Anthroposophie.** Lehre über die Bibel, Gott, Christus und Erlösung, Hänssler, 268 S., 2001
- **Auferstehung** – das zentrale Ereignis, Logos, 37 S., 1999 ff.
- **Auf Jesu Spuren im Heiligen Land.** Stationen des Weges Jesu in Wort und Bild, VLM, 47 S., 1997
- **Christsein in antichristlicher Zeit**, Logos, 51 S., 1999 ff.
- **Das anthroposophische Bibelverständnis.** Eine kritische Untersuchung..., Brockhaus, 267 S., 1993 / 1994
- **Der Traum von der einen Welt.** Neue Weltordnung, New Age und der Konziliare Prozeß, VLM, 96 S., 1996
- **Die Bibel ist Gottes Wort.** Orientierung für die Gemeinde (urspr. v. H. Jochums, erweiterte Neuauflage), Verlag für Reformatorische Erneuerung, 136 S., 2000
- **Die Freude ist mein Lied.** Bekannte und unbekannte Lieder in der Originalfassung, Christlicher Kassettendienst Pforzheim, 48 S., 2002
- **Die Grünen – eine Alternative?** Kritische Überlegungen, Hänssler, 140 S., 1985 / 1986 / 1987 (vergriffen)
- **Die Zukunft findet doch statt.** Die Krisen der Welt und die Zeichen der Zeit, VLM, 104 S., 1991 / 1992 / 1993
- **Ein Konzil für den Frieden?** Kritische Stellungnahmen zur „Weltversammlung für Gerechtigkeit, Frieden und die Bewahrung der Schöpfung" (Hrsg.), Schulte + Gerth, 188 S., 1989 (vergriffen)
- **Esoterik als Lebenshilfe?** Die Wahrheit über Astrologie, Spiritismus, Magie und Zauberei, Verlag für Reformatorische Erneuerung, 92 S., 2001
- **Evangelische Kirche – wohin?** Ein Ruf zur Besinnung und Umkehr, Stephanus, 166 S., 1995
- **Frieden in Gerechtigkeit durch Welteinheit?** Basel '89 und der „Konziliare Prozeß", VLM, 96 S., 1989 (vergriffen)
- **Fühlen statt zu denken.** Geheime Gehirnwäsche durch „Gruppendynamik", Stephanus, 142 S., 1991
- **Freude.** Das andere Liederbuch, VLM, 140 S., 1991
- **Gefahr für die Seele.** Seelsorge zwischen Selbstverwirklichung und Christuswirklichkeit (Hrsg.), Hänssler, 197 S., 1986 (vergriffen)
- **Gerechtigkeit, Frieden und Bewahrung der Schöpfung.** Wohin führt der Konziliare Prozeß?, Logos, 37 S., 1999 ff.

- **Geschieden – und doch Hoffnung!** Leid und Trost Geschiedener. Ehescheidung und Wiederheirat in christlicher Sicht (Ps.), Faith-Center, 36 S., 1999 / 2002
- **Gesund leben ohne Esoterik!** Tipps für die Praxis, Christlicher Kassettendienst Pforzheim, 48 S., 2002
- **Globalisierung und Antichrist.** Gemeinde Jesu im 3. Jahrtausend, Verlag für Reformatorische Erneuerung, 60 S., 2000 / 2002
- **Golgatha.** Leiden und Sieg Jesu Christi, Christlicher Kassettendienst Pforzheim, 48 S., 2002
- **Grün war die Hoffnung.** Geschichte und Kritik der grünen Bewegung, Stephanus, 237 S., 1994
- **Gruppendynamik.** Hintergründe und Beurteilung, Hänssler, 138 S., 1984 (vergriffen)
- **Ist Jesus auferstanden?** Fakten und Belege für die Auferstehung Jesu Christi, Schriftenmission, 43 S., 1985
- **Kampf um die Wahrheit.** Karl Barth und die Dialektische Theologie, Logos, 57 S., 1999 ff.
- **Karl Barth.** Das Verhängnis der Dialektik, Schwengeler, 87 S., 1995
- **Kirche 2000.** Gemeinsame Erklärung, Ablaß, 95 und 96 Thesen (Hrsg.), Verlag für Reformatorische Erneuerung, 62 S., 2000
- **Kritik der Bibelkritik.** Bultmanns Einfluß und seine Widerlegung, Logos, 77 S., 2000 ff.
- **Leben oder gelebt werden?**, Herold, 138 S., 1994 ff.
- **Leid und seine Überwindung**, Herold, 43 S., 2001
- **Mit Jesus über Brücken geh'n.** Antworten auf Glaubensfragen, VLM, 80 S., 1987 (vergriffen)
- **Neuapostolische Kirche.** Gibt es wieder Apostel?, Logos, 104 S., 2001
- **New Age.** Kommt die Welteinheitsreligion?, VLM, 119 S. / 144 S. / 164 S., 1987 / 1988 / 1989 (vergriffen)
- **Öko.** Auf der Suche nach der heilen Welt. Erfahrungen eines Umweltschützers, Hänssler, 59 u. 94 S., 1987 / 1988 (vergriffen)
- **Ökumene der Religionen und Absolutheit Jesu Christi.** Gibt es ein gemeinsames Weltethos? (mit R. Franzke u. S. Leuenberger), Verlag für Reformatorische Erneuerung, 106 S., 2001
- **Okkultismus, östliche Religionen und die New-Age-Bewegung.** Eine Orientierungshilfe, VLM, 70 S., 1990 / 1991 (vergriffen)
- **Prüfet die Geister!** Atheismus, Feminismus, Humanismus und andere Ideologien, Verlag für Reformatorische Erneuerung, 82 S., 2002
- **Reinkarnation und Karma.** Gibt es viele Erdenleben? (mit L. Wiese), Logos, 50 S., 1999 ff.
- **Rudolf Steiner und die Anthroposophie.** Eine kritische Biographie. Weleda, Demeter, Waldorfschulen, Christengemeinschaft, Schwengeler/Hänssler, 200 S., 1994 / 2002
- **Ruf zur Umkehr.** Neue 95 Thesen und die Folgen (Red.), Stephanus, 208 S., 1997
- **Selbstverwirklichung** – das Zauberwort in Psychologie und Seelsorge, Logos, 59 S., 1999 ff.

- **Tiergottesdienste.** Umweltschutz oder Schöpfungsverantwortung? (mit U. Bertelmann), Logos, 59 S., 1999 ff.
- **Unser Kind soll leben**, Philemon, 48 S., 2002
- **Was nun, Herr Drewermann?** Anfragen an die tiefenpsychologische Bibelauslegung (mit J. Lange), VLM, 104 S., 1993 / 1994
- **Was braucht die Evangelische Kirche?**, Logos, 71 S., 1998 ff.
- **Was bewirkt Gruppendynamik?**, Logos, 42 S., 1998 ff.
- **Was ist Anthroposophie?** Eurythmie, Waldorfpädagogik, Weleda, Demeter, Christengemeinschaft, Logos, 55 S., 1998 ff.
- **Was ist die Neue Weltordnung?**, 26 S., Logos, 1998 ff.
- **Was ist Gemeinde in biblischer Sicht?**, Logos, 42 S., 1998 ff.
- **Was ist Positives Denken?**, Logos, 43 S., 1998 ff.
- **Was kennzeichnet die Katholische Kirche?**, Logos, 57 S., 1998 ff.
- **Was sind Sekten – und was nicht?**, Logos, 45 S., 1998 ff.
- **Was will Eugen Drewermann?**, Logos, 59 S., 1998 ff.
- **Was wollen die Grünen?**, Logos, 31 S., 1998 ff.
- **Wendezeit 2000?** Eine Analyse des New Age, Logos, 49 S., 1999 ff.
- **Wer ist der Mensch?** Menschenbilder aus 3 Jahrtausenden, Logos, 39 S., 1998 ff.
- **Wie können wir Zeitströmungen begegnen?**, Logos, 38 S., 1998 ff.
- **Zeugen Jehovas.** Geschichte, Lehre, Beurteilung, Hänssler, 344 S., 1996 / 2000
- **Zukunft. Zeit-Zeichen.** Aufruf zur Wachsamkeit, VLM, 103 S., 1999

Dr. Lothar Gassmann (Hrsg.)

Kirche 2000

Gemeinsame Erklärung – Ablass –
95 und 96 Thesen
64 Seiten, ISBN 3-87857-297-2

„Die Zeit für eine neue Reformation ist da!“, schreibt der Herausgeber und begründet dies durch eine Fülle von Belegen und Thesen.

Dr. Heinrich Jochums (Hrsg.)

Die Bibel ist Gottes Wort

Orientierung für die Gemeinde
Eingeleitet und neu herausgegeben von
Dr. Lothar Gassmann
136 Seiten, ISBN 3-87857-304-9

„Die Bibel ist Gottes Wort.“ – Dieses Bekenntnis gilt gegenüber jeder Art von Bibelkritik, ob in radikaler oder „gemäßigter“ Form. Da die „gemäßigte“ Bibelkritik sich immer stärker im pietistisch-evangelikalen Bereich ausbreitet, besitzt dieses Buch höchste Aktualität. Es enthält grundlegende Beiträge zur Bibelfrage seit der Reformationszeit bis heute, u. a. die „Chicago-Erklärung zur biblischen Irrtumslosigkeit“.

Dr. Lothar Gassmann

Globalisierung und Antichrist

Gemeinde Jesu im 3. Jahrtausend
64 Seiten, ISBN 3-87857-302-2

Ist die Globalisierung, die Entstehung der „einen Welt“, die Wegbereitung für das Reich des Antichristen? Der Autor meint „Ja“ und untermauert diese Behauptung durch eine Fülle von aufrüttelnden Beobachtungen und erschütternden Belegen. Für Christen ist höchste Wachsamkeit geboten!

Prof. Dr. Reinhard Franzke/Dr. Lothar Gassmann/Dr. Samuel Leuenberger

Ökumene der Religionen und Absolutheit Jesu Christi

Gibt es ein gemeinsames Weltethos?
104 Seiten, ISBN 3-87857-305-7

Verehren alle Religionen denselben Gott? Sind sie untereinander gleichwertig, tolerant und können miteinander zusammengehen? Oder finden sich unüberbrückbare Unterschiede? Wie verhält sich die Ökumene zum Anspruch Jesu Christi, „der Weg, die Wahrheit und das Leben“ zu sein? Ein Thema von besonderer Aktualität und Brisanz!
Endlich eine Antwort auf Küngs „Projekt Weltethos“ und das „Parlament der Weltreligionen“!

Dr. Lothar Gassmann

Esoterik als Lebenshilfe?

Die Wahrheit über Astrologie, Spiritismus, Magie und Zauberei
Mit einem Beitrag von Prof. Dr. Reinhard Franzke über „Harry Potter".
96 Seiten, ISBN 3-87857-306-5

Esoterik ist die Lehre vom Geheimen. Viele Menschen versprechen sich von Magie, Zauberei, Horoskopen und einer Vielzahl spiritistischer Praktiken Lebenshilfe, Wissen und Macht. Dieses Buch enthüllt, was sich in Wahrheit hinter diesen Dingen verbirgt. Eine dringend notwendige Aufklärung und ein Wegweiser in die Freiheit für alle Gebundenen!

Dr. J.-B. Klautke/Dr. B. Kaiser/Dr. W. Nestvogel

Dynamisch evangelisieren

Beiträge zu einer aktuellen Diskussion
168 Seiten, ISBN 3-87857-307-3

Evangelisation und Gemeindebau sind heute zentrale Gesprächsthemen unter Christen. Aus tiefer Beunruhigung angesichts gegenwärtiger Entwicklungen scheuen sich die Autoren nicht, kritische Fragen gegenüber aktuellen Trends zu stellen. Sie plädieren dafür, dass Evangelisieren das bleibt bzw. das wieder wird, was es gemäß der Heiligen Schrift ist: Verkündigen des Evangeliums von der Versöhnung mit Gott aufgrund des Opfertodes Jesu Christi auf Golgatha.

Dr. Lothar Gassmann

Zukunft – Zeit – Zeichen

Aufruf zur Wachsamkeit
104 Seiten, ISBN 3-88002-694-7

Auf der einen Seite erleben wir wachsende Erfolge in den Bemühungen um äußere Einheit und Frieden: Wiedervereinigung Deutschlands, Vereinigte Staaten von Europa, Annäherung der großen Machtblöcke, immer größer werdende Wirtschaftsräume, Dialog der Religionen. Auf der anderen Seite wird die zusammenwachsende Welt von heftigen Krisen geschüttelt: Kriege, Massenarbeitslosigkeit, Inflation, Hungersnöte, Flüchtlingselend, Umweltzerstörung, Erdbeben und Aids. Wie passt das zusammen? Wohin bewegt sich diese Welt? Gibt es noch eine Zukunft?

Dr. Lothar Gassmann

Prüfet die Geister

Atheismus, Feminismus, Humanismus und andere Ideologien
88 Seiten, ISBN 3-87857-308-1

Atheismus, Feminismus und Humanismus prägen heute das Denken zahlreicher Menschen. Wie sind diese und viele weitere Weltanschauungen aus christlicher Sicht zu beurteilen?
Endlich ein Leitfaden, der Orientierung im Geflecht der heutigen ideologischen Verwirrung ermöglicht.